Colloqui Eucharistici

VISITE AL S.S. SACRAMENTO

DI

Madre Maria Loyola

2019
ST. AUGUSTINE ACADEMY PRESS

Nihil obstat - 20-XI-34 - Can. Carolus Figini

IMPRIMATUR

in Curia Arch. Mediolani die, 23 nov. 1934
Sac. Mozzanica Petrus - Vic. Gen.

Questo libro è stato pubblicato nel 1934
dall'Opera della Regalità di N.S. Gesù Cristo.

Questa edizione è stata ristampata nel 2019
dalla St. Augustine Academy Press.

ISBN: 978-1-64051-098-2

PREFAZIONE

L'abitudine di visitare il SS. Sacramento per onorare la reale presenza di Nostro Signore Gesù Cristo nell'Eucarista, può considerarsi una di quelle pratiche che mostrano lo sviluppo della pietà eucaristica nella Chiesa Cattolica. Sino al Medioevo inoltrato abbiamo scarse notizie di tale abitudine ed anche la vita dei Santi ha molte lacune su questo argomento.

Pare che Nostro Signore Gesù Cristo abbia voluto continuare così il suo umile nascondimento e intensificare ancor più il segreto della sua vita nascosta sotto le apparenze dell'Ostia.

La pietà moderna, e più ancora la pietà contemporanea, si volge all'Eucaristia come al Sole di vita eterna; e non solo viene intensificata la pietà Eucaristica per quanto riguarda la celebrazione del Santo Sacrificio e la frequenza della Santa Comunione, ma anche per quanto riguarda la presenza reale di Gesù nel Santo Sacramento. Si moltiplicano le ore di adorazione individuali e collettive, si diffondono le opere che tendono a non lasciare mai solo il Divino Ospite del Tabernacolo e attraverso le Quarant'ore circolari, e attraverso i turni di adorazione diurna e notturna. Oggi nessun cattolico vorrebbe esser privo della gioia di avvicinarsi a Nostro Signore nel Tabernacolo per fare di Lui il quotidiano confidente di speranza e timori, di gioie e di amarezze.

Tuttavia una difficoltà amareggia talvolta le anime eucaristiche; alla presenza del Santo Tabernacolo, non sanno esprimere i loro desideri ed i loro bisogni; le formule studiate a memoria non hanno più significato perchè l'abitudine ne rende meccanica la ripetizione e spesso esse riescono fredde ed artificiali. Eppure si vorrebbe parlare con Gesù; si vorrebbe effondere nel suo cuore Eucaristico tutte le pene, le speranze, i dolori ed i timori.

Questo libro, pubblicato la prima volta a Napoli a cura del Can. Luigi Marigliano, è l'aiuto per le anime che desiderano una guida nelle loro visite al Santo Sacramento; esso, dovuto all'anima, più che alla penna di una religiosa inglese, Madre Maria Loyola del Convento di Santa Maria Micklegate Bar di York, è presentato di nuovo ai cattolici d'Italia, dall'Opera della Regalità di Gesù Cristo, in una traduzione che, se non è perfetta è però almeno di stile moderno ed è chiara tanto da non tradire il pensiero dell'autrice.

Forse il presente opuscolo, dopo le visite al S. Sacramento di S. Alfonso Maria dei Liguori, può stare al primo posto nella letteratura ascetica contemporanea, per la profondità del pensiero, la sincerità dell'espressione, l'unzione della preghiera; è uno dei pochi libri che non si sostituisce alla preghiera — come purtroppo fanno molti più comuni libri di pietà — ma fa pregare; invita l'intelletto alla meditazione, spinge il cuore all'amore, inclina l'anima alla preghiera; è un libro evidentemente scritto davanti al Tabernacolo, e scritto perchè vissuto; questo gli da tutto il valore, come la mancanza di questo toglie ogni valore a tutte le altre opere scritte solo con l'intelletto. Con questa nuova pubblicazione l'Opera della Regalità continua il compito di formazione religiosa che si è proposto fin dall'inizio; formazione basata sulla soda cultura, sulla meditazione, sulla conoscenza e la vita liturgica; e si augura di contribuire, con l'aiuto di Dio, ad orientare i fedeli verso la vera pietà, verso quella pietà che guida all'unione con Dio e garantisce il successo di tutte le opere iniziate per la Sua gloria.

L'OPERA DELLA REGALITA' DI NOSTRO
SIGNOR GESU' CRISTO

Milano, festa dell'Immacolata Concezione, 1934

INDICE

I. VISITA

Va di buon mattino a trovarlo ed il tuo piede consumi i gradini della sua porta. (Ecclesiastico VI, 36).

Come siamo diligenti nel compiere i doveri sociali e come siamo inquieti finchè non li abbiamo compiuti! Se una difficoltà qualsiasi ci impedisce di fare o di restituire una visita, anche se si tratta di persone alle quali siamo legati da vincoli di amicizia, siamo impazienti sapendo che abbiamo il dovere di giustificare la nostra assenza. Queste preoccupazioni aumentano quando si tratta di un amico, di un benefattore, di una persona che ha cura di noi e dei nostri interessi. Sono persone dalle quali andiamo senza invito, senza orari fissi o altre formalità e andiamo e torniamo **« consumando i gradini della loro porta »**. Abbiamo le stesse preoccupazioni per quanto riguarda il nostro migliore amico, Gesù? Abbiamo verso di Lui affetto e familiarità tali? Non è Gesù uno di quei benefattori i cui doni meritano ringraziamenti, uno di quegli amici il cui affetto è sommamente caro, una di quelle persone alle cui gentilezze dobbiamo essere riconoscenti? Vogliamo forse trascurare questi doveri elementari sol perchè Gesù si degna mettersi sempre a nostra disposizione? E, perchè Egli è il Re dei re, deve restar fuori della cerchia di coloro ai quali dobbiamo riguardi e cortesie?

Signore Gesù, quanto sono poco attento ai miei doveri verso di Te! Come sono ingrato alla Tua inesauribile bontà! Sono venuto al mondo e ho trovato

Te che mi aspettavi per accogliermi, per darmi il ben-venuto, per offrirmi i Tuoi favori, per mostrarmi la più tenera bontà. Mi hai aperto la Tua casa, mi inviti alla Tua mensa, mi offri con insistenza i Tuoi doni: « Sitibondi, venite tutti alle acque... venite, comprate senza denaro e senz'altra permuta, vino e latte » (1).

« Venite a me, tutti voi che siete affaticati e stanchi ed io vi darò ristoro » (2). « Chi viene a me non lo manderò via » (3). Per attrarmi al Tuo cuore usi ogni arte e ogni industria; eppure sei costretto a lamentarti: « Non volete venire da Me per avere la vita » (4).

« Cominciarono tutti a scusarsi... ho comprato un podere... abbimi, ti prego, per iscusato. Ho comprato cinque paia di buoi... abbimi ti prego per iscusato. Ho preso moglie perciò non posso venire » (5).

Così un tempo, così ora. Abbiamo il tempo per compiere tutti gli altri doveri, per sbrigare la nostra corrispondenza, per i nostri bisogni ed i nostri svaghi, per le visite agli amici più cari e non abbiamo il tempo per una visita all'Amico per eccellenza.

Anche se la Chiesa è vicina a noi, ci pare lontanissima e, eccetto nei giorni nei quali siamo obbligati ad andarvi, non troviamo la possibilità di muoverci di casa per andare a visitare Gesù.

Potrò giustificarmi al Tuo cospetto, Signore, adducendo la scusa della lontananza, o il pretesto dei doveri di famiglia e dei doveri professionali? Quanti altri, nelle stesse mie condizioni, sanno trovare il tempo per recarsi da Te! O mio Signore, perchè uso questi miseri sotterfugi per Te, che sei il « Dio della veri-

(1) Isaia IV, 1.
(2) S. Matteo XI, 28.
(3) S. Giovanni VI, 37.
(4) S. Giovanni V, 40.
(5) S. Luca XIV, 18-20.

tà?» (1) Non è meglio cadere ai Tuoi piedi e confessare che non la lontananzà, non la mancanza di tempo, nè altro motivo sufficiente mi impedisce di venire da Te, ma soltanto la mancanza d'amore? Una ragione simile non potrei confessare a nessun altro amico; dovrei addurre qualche altro pretesto per iscusare la mia negligenza, ma con Te non posso fingere. La Tua amicizia mi obbliga alla franchezza assoluta poichè essa consiste nella scambievole confidenza. Posso confessare a Te francamente la mia freddezza e la mia svogliatezza senza temer di essere da Te male accolto? La petulanza, l'egoismo, il capriccio, che devo dissimulare negli altri rapporti, possono mostrarsi in tutta la loro bruttezza agli occhi Tuoi, a Te che sei l'amico compassionevolissimo, **amico più che fratello'** (2), a Te che per la forza dell'amore non Ti offendi, non Ti sdegni, non Ti allontani.

Gesù vuole che le nostre relazioni con Lui siano sincere, semplici, spontanee; vuole che ci presentiamo a Lui come siamo e gli esprimiamo il desiderio di come vorremmo essere. Vuole che lo trattiamo con confidenza, che lo facciamo penetrare sino in fondo all'anima nostra, là dove noi stessi guardiamo di rado, alla sfuggita, superficialmente.

Egli vuol prender parte ai nostri interessi, ai nostri dolori, vuol che ci rivolgiamo a Lui in ogni evento della nostra vita sociale e della nostra vita interiore: vuole che lo mettiamo a parte delle nostre angustie e delle nostre gioie. Il soldato che va alla guerra, il bambino che piange i suoi giocattoli rotti, la giovanetta che chiude in cuore il suo primo segreto, la madre con le sue preoccupazioni, il Sacerdote con le sue speranze, nelle tribolazioni e negli affanni trovano in Lui l'amico vero che accoglie tutti e non rimanda alcuno. Egli vede che cerchiamo intorno conforto e con-

(1) *Salmi* XXX, 6.
(2) *Proverbi* XVIII, 24.

— 9 —

siglio, vede che ci allontaniamo in fretta dalla sua casa, per « consumare i gradini » delle porte di altri amici e ci chiama, rimproverandoci dolcemente: « Tutti mi avete abbandonato, il mio popolo ha abbandonato me, fonte di acqua viva ed è andato a scavarsi delle cisterne che gemono e non possono contenere le acque » (1).

Signore, quando vorrò comprendere la bellezza della Tua reale presenza tra noi, e comprendere il motivo della Tua permanenza tra gli uomini? Per avere la Tua presenza fra noi daremmo anche la vita se fosse necessario e intanto non vi facciamo caso. Sarà vero che io non lo comprenda finchè non giunge il rimorso della mia ultima ora o finchè non vengano le troppo lunghe. ore del Purgatorio? Perchè non ho profittato delle grazie del mio Emmanuele, il Dio con me, mentre ne avevo il tempo, mentre ero in cammino con Lui? Perchè durante la vita temporanea di quaggiù non ho fatto tesoro di Lui, ch'è il solo necessario nella vera vita dell'eternità?

Un bambino al catechismo disse: « Non sarà terribile l'incontro con Gesù per coloro che non credono alla vera presenza di Gesù in Sacramento, allorchè comprenderanno che Gesù è veramente tra noi? » Anche se si tratta solo di ignoranza, sì che Nostro Signore non sarà irato con loro, quanto saranno dolenti di non aver conosciuto un dono tanto prezioso! Ma che sarà per coloro che hanno conosciuto la divina presenza e l'hanno trascurata?

Quale sarà il giudizio di coloro ai quali dovrà ripetere: « Da tanto tempo ero con voi e non mi avete conosciuto? » (2) « mi trovavo ogni giorno con voi nel Tempio! » (3)

Signore Gesù, fa che questo non sia il mio più

(1) GEREMIA II, 13.
(2) S. GIOVANNI, XIV, 9.
(3) S. LUCA, XXII, 53.

amaro rimpianto nel Purgatorio, in quel soggiorno di triste riflessione. E' ormai tempo che io ricambi il Tuo amore, che ripari alle passate negligenze, che venga a Te col mio dolore e col mio amore. **Va di buon mattino a trovarlo**; posso dire con sincerità che non mi sia possibile assistere tutti i giorni alla S. Messa? Gesù mi aspetta per offrire per me e con me il suo ed il mio sacrificio, per gli interessi che ci sono comuni.

E il tuo piede consumi i gradini della sua porta. — Un poco di buona volontà e di ordine basterebbe perchè nel mio programma settimanale, se non è possibile in quello quotidiano, io mettessi al primo posto una visita al mio Gesù, specialmente nelle ore pomeridiane o in quelle della sera, quando più silenziosa è la Chiesa e Gesù è lasciato solo. Non potrò forse trovare qualche momento per il più caro e migliore Amico? Nell'ultimo giorno, quando Gesù verrà alla mia casa per essere mio Viatico, come mi sarà dolce ricordo la fedeltà con la quale io ho compiuto i miei doveri di amicizia verso di Lui ed ho « **consumato i gradini della sua porta** ».

II. LODE

Date lode al vostro Dio, voi Suoi servi, e voi che lo temete, piccoli e grandi.
(Apocalisse 19, 5)

Una sola volta, per un istante, i cieli si sono dischiusi, solo per farne uscire un inno di lode: « **Gloria a Dio nel più alto dei Cieli** » (1). « **Degno sei Tu, Signore Dio nostro, di ricevere la gloria, l'onore e la virtù** » (2) « **E' degno l'Agnello che è stato ucciso di ricevere la virtù e la divinità, la sapienza, la fortez-**

(1) S. Luca, II, 14.
(2) *Apocalisse*, IV, 11.

za, l'onore, la gloria, la benedizione... a **Lui che siede**
sul trono e all'Agnello, benedizione e onore e gloria
e potestà pei secoli dei secoli » (1).
A quale contemplazione ci elevano queste parole!
Sono le voci della patria che giungono all'orecchio
dell'esule, lo commuovono nelle sue più intime fibre. Ogni creatura umana che sente il peso del suo
esilio, ripete con slancio quelle lodi poichè ogni anima
le fa sue per il fatto stesso che viene da Dio. La lode
è il linguaggio naturale dell'anima. Il **« gementes et**
flentes in hac lacrymarum valle » non faceva parte del
primitivo disegno di Dio sopra di noi. Noi abbiamo preso le arpe d'oro dalle mani di Dio e ne abbiamo rotto
le corde; ed oggi le note sono dolenti quando pur non
sono discordi. Ma Gesù Cristo ha restaurato il tutto e
ci ha ridonato la gioia, portando Egli stesso il nostro
dolore. Dal giorno in cui Egli sulla terra pregava **« con**
forti grida e con lacrime » (2), il canto della lode è tor-
nato di nuovo sulle nostre labbra. Ancora un po' di
tempo e **« asciugherà Dio... tutte le lacrime; e non vi**
sarà più morte, nè lutto, nè strida, nè dolore » (3). Ora
Egli è qui sull'Altare e aspetta i deboli accenti della
mia lode per accoglierli e portarli davanti al trono di
Dio Suo Padre.
Sì, mio amatissimo Signore, parla Tu per me; la
lode non viene facilmente sulle mie labbra. Le inquie-
tudini, le vicende ed i dolori della vita, la tristezza di
anima, il peso del corpo corruttibile, con tutto quanto il suo retaggio, soffocano la lode nel mio cuore.
L'improvvisa manifestazione della tua bontà quando
allontani da me una tribolazione, l'effusione d'una
gioia inattesa, solleva per un istante il mio cuore, che
innalza a Te un cantico di benedizione. Questo impul-
so di amore riconoscente è debole e non dura a lungo.

(1) *Apocalisse* V, 12-13.
(1) *Ebrei*, V, 7.
(3) *Apocalisse*, XXI, 4.

ed io cado di nuovo umiliato ai Tuoi piedi, sentendo tutta la mia infermità, quando mi pareva di essermi sollevato su me stesso. Ignoro completamente la pura lode del cielo, libera da ogni ripiegamento egoistico, in cui il mio io è immerso nella letizia trionfante e universale della grandezza e della virtù di Dio. Eppure questa lode è il linguaggio della mia patria, il linguaggio che un giorno parlerò per sempre. Non dovrei cominciare ad impararlo fin da quaggiù? Possiamo imparare una lingua straniera restando nel nostro paese, ma l'accento vero non possiamo impararlo se non andiamo là dove quel linguaggio si parla.

Molto spesso, mio Divino Maestro, ripeto a Te con gli Apostoli: « **Insegnami a pregare** », ma oggi ti prego: « **Insegnami a lodare** ». Insegnami quella altissima e purissima preghiera, che sarà l'incenso che deve ascendere sempre dal mio cuore, anche quando ogni altra preghiera sarà cessata.

L'armonia celeste diventa tanto più ricca e più melodiosa quanto più arrivano dalla terra e dal purgatorio i cantori beati. Ma per chi sono serbate le note più belle di quell'antifona che è intonata dalla voce di Cristo stesso? Certo a coloro che hanno elevato la loro lode anche qui, **in hac lacrymarum valle**, a coloro che nell'esilio non hanno dimenticato il linguaggio della patria, a coloro che ogni giorno hanno ripetuto il Gloria in excelsis, il Magnificat, il Benedictus, il Te Deum,. a coloro che hanno persistito nella lode mentre il cuore era chiuso, mentre la voce di lode stava per essere soffocata dalla sfiducia, dal pianto, dalla ribellione. Essi allora hanno sentito l'invito: « **Alzati e dà la tua lode di notte** « (1) ed hanno risposto: « **Il Signore aveva dato, il Signore ha tolto, è stato fatto come è piaciuto al Signore e il Nome di Lui sia benedetto** » (2).

(1) *Lam.*, II, 19.
(2) *Giobbe*, I, 21.

Questa è la lode di notte che giunge più soave alle orecchie di Dio ed è di questi suoi servi fedeli che Dio dice: « **Daranno lode a me nella terra della loro schiavitù e si ricorderanno del mio amore** » (1).

Qual meraviglia se il loro canto è il più dolce nella città della pace? se le loro voci si confondono, più intimamente delle altre, con la voce di Colei il cui cuore cantava « **Ecce ancilla Domini** », anche nel momento del supremo dolore, allorchè il Figlio Suo Divino, cantato l'inno, si avviava al Calvario?

III. POSSUMUS

Potete bere il Calice che io berrò?
Sì, possiamo (S. MATTEO X, 38-39).

In principio, prima che il mondo fosse. Ascolto il colloquio che l'Eterno Padre fa col suo Figliuolo a Lui coeguale e gli parla della mia Redenzione.

« Puoi, per quell'anima e la sua salvezza, scendere dal Cielo e farti uomo? ».

E il Verbo Divino risponde: « Posso ».

Puoi vivere una vita terrena per trentatre anni, lavorando, insegnando, istituendo mezzi divini per la sua salvezza e terminare tal vita di fatica e di pene con una morte di dolore e di obbrobrio?

« Posso ».

Puoi perpetuare l'Incarnazione e l'annichilimento sino alla fine dei secoli, celandoti sotto le specie del pane per essere il compagno dell'anima, il suo rifugio, l'alimento che gli dà la vita finchè duri il suo pellegrinaggio?

« Posso ».

« E quando essa non corrisponderà al tuo amore alle tue premure, ai tuoi sacrifizi, puoi essere indulgen-

(1) *Baruch*, II, 32.

te con lei e sopportare la freddezza del suo amore, la sua ostinazione, la sua indifferenza, la sua ingratitudine? ».

E il Verbo Divino disse: « Posso ».

Oggi a sua volta il mio Redentore mi domanda:

« Puoi tu cooperare con me per la tua salvezza e servirti pel tuo bene di tutto ciò che ho fatto e ancora sono pronto a fare per te? Puoi risolverti a fuggire ogni cosa che potrebbe mettere in pericolo la grande opera che abbiamo cominciata, ogni peccato grave, ed ogni peccato veniale che conduce al mortale? ».

Che posso rispondere io se non: « Si, Signore, posso? ».

« In cambio dell'amore che ti porto, puoi risolverti con tutto il cuore a fuggire non solo il peccato, ma le infedeltà che impediscono l'opera della grazia nella tua anima e ritardano l'unione tra noi? ».

Che cosa posso rispondere?

« Puoi vedermi con l'occhio della fede nei miei membri sofferenti, cioè nei poveri, negli ammalati, negli abbandonati, in quelli senza protezione, nei bambini e, per amor mio, puoi sacrificare i tuoi comodi. il tuo riposo, i tuoi beni temporali, per soccorrere e servire i derelitti? ».

« Dammi la fede, Signore, per veder Te in tutte le creature ed io, in virtù di questa fede, oso rispondertí: Posso ».

« Puoi venire dietro a me, prendendo ogni giorno la tua croce, quella croce che ho messa sulle tue spalle perchè tu mi rassomigli? ».

« Si, Signore, perchè, sotto quella croce, mi sosterranno le Tue braccia eterne; Tu non mi lascerai solo e, col Tuo aiuto, posso ».

« Puoi difendere la mia causa contro lo scherno o l'obbrobrio, pronto, se non lieto a soffrire l'ignominia pel mio Nome? »

« In Te che mi dai forza, Signore, io posso ».

« Puoi sopportare d'esser fatto segno all'ira, al disprezzo del mondo, perchè segui una legge che non è la sua, un capo che non è il suo capo? Puoi sopportare le scherno, quando ti diranno: « Anche tu sei discepolo di Gesù Nazzareno? ».

« Signore, custodiscimi nelle ore di prova e guardami come hai guardato Pietro, dopo il rinnegamento. Fissami con quello sguardo ed io ti dirò: « Posso ».

« Puoi bere sino alla feccia, il mio calice, quel calice che ho bevuto per te, sopportando con costanza la desolazione dell'anima, l'abbandono del Padre, contento di servire Dio e la sua gloria più che l'uomo per i vantaggi che puoi averne? ».

« Sì, mio Signore, con l'anima unita alla Tua anima angosciata sul Calvario, sempre Ti dirò: « Posso ».

IV. IL FIGLIUOLO DELL'UOMO

« Anch'io ho un cuore come il vostro »
(Giobbe XII-3)

Nostro Signore Gesù Cristo fa con semplicità quello che molti di noi fanno con superbia. Ogni cuore umano ha bisogno dell'altrui simpatia e anche Gesù confessa di avere questo bisogno. Egli manifesta apertamente il desiderio di partecipare le sue gioie e i suoi dolori con gli amici e non esita a manifestare il bisogno del loro conforto; si dice grato per la loro devozione, addolorato per la loro infedeltà ed il loro abbandono. « Padre, io voglio che quelli che desti a me, siano anch'essi con me dove sono io; e veggano la mia gloria » (1). « E voi siete quelli che vi teneste fermi con me nelle mie tentazioni » (2). « L'anima mia è triste sino alla morte; restate qui e vegliate con me... così dunque non avete potuto vegliare un'ora sola con

(1) S. GIOVANNI, XII, 24.
(2) S. LUCA, XXII, 28.

me? » (1) « Ecco l'ora verrà... e tutti vi disperderete, ciascuno nel suo luogo e mi lascerete solo » (2).

Gesù non disdegna di chiedere aiuto ad una debole donna; le chiede di diffondere le parole con le quali le manifesta il suo cuore, di esortare gli uomini perchè gli tengano compagnia nella sua vita solitaria e negletta. Ad ognuno di noi, dice dal Tabernacolo: « Resta qui e veglia con me. Non hai potuto vegliare un'ora sola con me? E, se non un'ora, resta almeno pochi minuti ».

Restate con me, perchè devo offrire il mio sacrificio mattutino, perchè la gente del mondo è distratta dagli affari e non può assistere all'offerta che di me stesso io faccio al Padre per loro.

Restate con me, qualche minuto a mezzogiorno, quando più infuria il chiasso nei disordini mondani; dalla folla volgete almeno il vostro pensiero alla Chiesa tranquilla: « **Venite in disparte e riposatevi un poco** » (3).

Restate con me, perchè il giorno declina e viene la sera. Nessuno più verrà a visitarmi e resterò solo durante le lunghe ore della notte. **Restate con me perchè si fa sera.**

O Divino Amante degli uomini, così solo e abbandonato, se il Tuo scopo, nel rimanere giorno e notte con noi, era quello di attrarre il nostro amore, non devo forse dire che il Tuo scopo è fallito? Valeva la pena di accumulare miracoli su miracoli per il più gran miracolo della Tua vera Presenza sull'Altare?

Povero me che non ho saputo sfruttare questi doni!

Mio caro Gesù, nascondo il viso tra le mani e confesso che non vi è al mondo un cuore più ingrato e più duro del mio. Immemore della Tua reale Presenza

(1) S. Matteo, XXVI, 38-40
(2) S. Giovanni, XVI, 32.
(3) S. Marco, VI, 31.

— 17 —

sull'Altare, immemore che Tu sei qui **per me**, mi sono ripiegato sopra me stesso, in balia dei miei divertimenti o dei miei doveri ed ogni cosa m'è servita di pretesto per vivere lontano da Te e trascurarti in questa vita Sacramentale che vivi **per me**.

V. LA NOSTRA VITA

Tu solo sei forestiere in Gerusalemme e non sai che cosa è accaduto in questi giorni? Ed Egli disse loro: Quali cose? (LUCA XXI, 18-19).

Forse molti di noi non vanno a visitare Gesù nel SS. Sacramento per un falso concetto dell'importanza e del modo di fare tale visita. Immaginiamo che le faccende delle quali ci occupiamo quotidianamente debbano essere messe da parte e non si possano portare in Chiesa, come non si può portarvi il cane. Leggiamo che S. Bernardo così scacciava un pensiero mondano e, quantunque il suo biografo non ci dica nulla di simile, concludiamo pensando che tutti i pensieri tornavano nella sua mente alla fine della sua preghiera. Un tale dominio di sè, esige uno sforzo di cui poche creature sono veramente capaci. Certo il pensiero dell'avvocato si ferma sui casi più preoccupanti; lo studente pensa al suo esame, la madre ai suoi doveri di famiglia. Questi pensieri, anche se involontari, sono persistenti e, se interamente deliberati, ci distraggono dalla preghiera in modo tale che spesso non possiamo continuarla. E perciò crediamo più opportuno farne a meno.

Ma osserviamo la vita dei servi di Dio e vediamo quale sia stato il loro concetto della preghiera.

Davide, il Re Profeta, perplesso ed afflitto, si trova in un momento difficile. « **I Filistei, arrivati, si stesero nella valle di Raffaim. E Davide consultò il Si-**

gnore e disse: Andrò io contro i Filistei? E li darai Tu nelle mie mani? E il Signore disse a Davide: Va, io darò certamente l Filistei nelle tue mani... e tornarono nuovamente in campo i Filistei. E Davide consultò il Signore e disse: Andrò io contro i Filistei e Dio rispose: Non andare verso di essi» (1).

Di Davide pieno di gioia e di riconoscenza sta scritto: Essendo il Re Davide andato alla presenza del Signore disse: « Chi sono io, o Signore Dio mio, onde Tu abbia fatto tali cose per me? » (2).

Vedete pure la semplicità e la confidenza di Ezechia, allorchè riceve il messaggio di Sennacherib: « E prese Ezechia la lettera degli ambasciatori e la lesse e andò alla Casa del Signore e la pose davanti al Signore » (3).

E' molto comune sentir dire che le noie e le an-· sietà quotidiane, invadono tanto lo spirito da rendere impossibile la preghiera. Ma, se vogliamo parlare lealmente, pensiamo qual'è il nostro contegno allorchè ci tratteniamo con un buon amico, con un uomo di discernimento profondo, di esperienza e di valore, nel quale abbiamo fiducia. Diremmo forse: « Sono stato mezz'ora con lui stamane, ma avevo la mente così piena di preoccupazione che non ho trovato nemmeno una parola da dirgli? ». Diremmo invece: « Mi sono confidato con lui ed ora mi sento più consolato ».

Perchè non vogliamo trattare con la stessa fami-liarità Gesù che è il nostro migliore Amico? Se Ezechia pose la sua lettera davanti al Signore, in quel vec-chio tempio che era soltanto figura di qeullo avvenire, perchè non possiamo noi portare tutti i nostri affanni al Cuore sensibile e misericordioso di Gesù Cristo che sta con noi tutti i giorni per ascoltarci, pronto a riceverci, se vogliamo, in tutte le ore del giorno, e per

(1) *Il Re* V, 18 e seguenti.
(2) *I Paralipomeni*, XVII, 16.
(3) *Isaia*, XXXVII, 14.

tutto ciò che vogliamo dirgli, che ascolta tutto per darci aiuto in tutto?

Se Nostro Signore avesse detto: «Farò prosperare tutti gli affari spirituali che mi raccomandate, ma lascio a voi la cura degli affari temporali e riterrò irriverenza il pensiero che ne avrete alla mia presenza», potremmo essere scusati e giustificati della cura che abbiamo nell'escluderlo dalle pene e dagli affari della nostra vita quotidiana.

Ma Gesù non ha mai detto una simile parola e tutto quanto sappiamo di Lui ci prova invece il contrario. Non considerava irriverente che, durante la sua vita terrena, ad ogni passo gli venivano presentati infermi, nè che un paralitico calato giù dal tetto e messo ai suoi piedi abbia interrotto il suo parlare; non considerò irriverente che accorressero a Lui per ogni bisogno: «Signore, colui che Tu ami, è ammalato» (1). «Vieni, Signore, prima che il mio figliuolo muoia» (2). Rifiutò forse l'invito a Cana? E se a Cana si mostra esitante e ritarda quel miracolo che dall'eternità era designato per manifestare il suo tenero interesse alle gioie e ai dolori della vita domestica, non è chiaro che Egli lo fa per mostrare come il Suo Cuore palpitava in unione al Cuore di Maria e per rendere onore alla preghiera della Madre Sua?

«Signore, vieni e vedi», dissero le sorelle di Lazaro piangenti, mentre gli indicavano la strada che conduceva al sepolcro. Vedete come Gesù ascolta ora l'una ora l'altra sorella che gli raccontano la storia di quegli ultimi tristi giorni, l'ansia e l'attesa di Lui e gli esprimono la certezza che Lazzaro non sarebbe morto se Egli fosse stato presente.

Vedete il loro pianto e vedete il Cuore di Lui che ardentemente sospira il momento di compensare la loro fiducia e cambiare in allegrezza il loro dolore.

(1) S. Giovanni, XI, 3.
(2) S. Giovanni, XI, 49.

Che avremmo detto noi, quel giorno, a Betania, se dopo aver risuscitato Lazzaro, Gesù si fosse rivolto a noi per ascoltarci, mettendosi a completa disposizione di chi ha bisogno di Lui, come suole fare? Avremmo esitato a chiedere il suo interessamento per quanto riguarda la nostra vita o gli avremmo aperto il cuore e avremmo riversato le nostre gioie e le nostre afflizioni nel Suo Cuore misericordioso?

Se vogliamo comprendere in che consista una visita a Gesù, impariamolo dai discorsi di Nicodemo, dalla premurosa preghiera del Centurione pel suo servo, dalle parole di Zaccheo, dalle effusioni intime delle sorelle di Lazzaro che versarono in Lui tutta la loro anima.

Sono questi i modelli dai quali impariamo a fare le nostre visite? Se, mentre preghiamo, siamo presi da preoccupazioni o da dolori, perchè non facciamo di queste stesse cose l'oggetto della nostra preghiera, il motivo del nostro colloquio con Dio? Avremo in tal modo trasformato in aiuto quello che prima era ostacolo.

Si intende che tutto ciò deve esser fatto con riverenza, senza perdere l'attenzione dell'anima perchè il nostro parlare con Lui sia veramente preghiera. Ma se esponiamo tutti i nostri affanni al Signore, tutte le nostre difficoltà, e chiediamo il suo consiglio, e ascoltiamo ciò che Egli dice al nostro Cuore, il tempo della preghiera sarà, come vuole Gesù, un tempo di riposo, di luce, di forza.

Forse alcuni diranno che una tale preghiera non è molto soprannaturale e che, in fin dei conti, vale quanto una preghiera distratta; sarà anche vero, ma è certo che molte volte è il solo modo col quale possiamo ottenere un frutto dalla nostra preghiera. Se pensiamo ai colloqui di Gesù con quelli che ebbero la fortuna di parlargli durante la sua vita terrena, vedremo che spesso tali discorsi hanno l'apparenza di conversazioni molto naturali.

Nessuno di noi oserà mai pensare che le difficoltà nella preghiera dipendano da Nostro Signore. No, la mancanza è solo nostra poichè non sappiamo riconoscere il fine dell'Incarnazione e il rapporto che essa ha con le diverse condizioni della vita umana. Se la Redenzione fosse stato l'unico movente della sua Incarnazione, Gesù, dal suo trono alla destra del Padre, avrebbe potuto direttamente andare sul Calvario. Ma Egli non si contentò di darci tal prova di amore di cui pur nessun altro avrebbe potuto darci l'eguale. Volle anche, « **come il primogenito tra molti fratelli** » (1) come capo della famiglia umana, mettersi in comunicazione intima con essa in tutti i suoi aspetti; vivere per quanto fosse possibile, ogni esperienza della vita umana, prendendo parte ai suoi misteri di gioia e di timore, di amore e di dolore.

Così abbiamo gli anni della sua infanzia, della fanciullezza, dell'adolescenza e, preziosi soprattutto, gli anni beati della vita pubblica. « **in cui fece sua dimora tra noi il Signore Gesù** » (2) mostrando in ogni parola ed in ogni atto il desiderio di vivere con noi, suoi fratelli, e affermando il diritto al nome che Egli più predilesse « **il Figliuolo dell'Uomo** ».

Gesù ci attende fin dal principio del breve stadio della nostra vita terrena, ci chiama a sè, ci chiama per nome, uno ad uno. Ci chiede di trattarlo come il più intimo e più caro Amico, Egli che resta con noi quando tutti gli altri ci abbandonano. Gesù desidera che confidiamo nella sua amicizia, che la mettiamo alla prova, e ci promette di essere per noi quel che è stato per tutti coloro che hanno avuto fiducia in Lui; quale è stato per Maria e Maria, per Paolo e Bernardo,

(1) *Ai Romani*, VIII, 29.
(2) *Atti*, I, 21.

per Teresa e Margherita Maria, cioè «il fedele e verace» (1), «Gesù Cristo ieri, oggi e per tutti i secoli» (2).

VI. VENITE AD ME OMNES

Venite a me tutti voi che siete affaticati e stanchi ed io vi ristorerò.
(S. MATTEO, XI 28).

Gesù ci ripete: «**Venite a me tutti voi che siete affaticati e stanchi**». Nel sentire queste parole io mi alzo e corro all'invito. Curvo sotto il peso dei miei affanni, attraverso la soglia, sollevo i veli e mi prostro davanti a Lui. Getto via il peso che mi opprime e son qui solo; nessuno mi ostacola o mi rimprovera. Quale triste spettacolo! Ai suoi piedi giacciono le mie pene, le mie ferite ed i miei dolori. Guardo i suoi piedi stanchi e feriti, guardo i suoi occhi offuscati di lacrime e mi par di vedere Gesù nel Getsemani quando, oppresso dal timore e dal tedio, supplicava il Padre sudando sangue.

Ineffabile mistero! Davanti a Lui alcune pene si dileguano, altre diventano lievi; ad alcune Egli si volge sorridendo, su altre fa cadere teneramente le Sue lacrime. Gli chiedo che per pietà mi liberi da alcune pene; ma ne lasci altre, ma mi liberi di quelle. E Gesù, con dolce sorriso incoraggiante, mi risponde: «Non è venuto il tempo; abbi fiducia in me; io ascolto le tue preghiere, vedo i tuoi dolori e li benedico aspettando il giorno in cui portino il loro frutto».

Gesù prende sopra di Sè i dolori della mia vita e accanto al Suo Cuore che sanguina, opera l'ammirabile trasformazione: ogni dolore splende come un cri-

(1) *Apocalisse* XIX, 11.
(2) *Agli Ebrei*, XIII, 8.

stallo sotto i raggi del sole. Ed allora io esclamo: «O mio Dio, rendimi quella perla preziosa che finora non ho saputo apprezzare; io la custodirò come un dono del Tuo amore e la nasconderò con tenerezza nel mio cuore».

Egli mette con dolcezza sulle mie spalle il suo peso lieve e il suo giogo soave e allora mi alzo ed esco. Con passo più sicuro, con cuore risoluto, procedo per la via erta e quando le angustie della vita vengono di nuovo a visitarmi, ripiglio il mio peso e ritorno da Lui.

VII. DIO NASCOSTO

Veramente tu sei il Dio nascosto!

(ISAIA, XIV, 15).

Non possiamo negare che, tranne rari intervalli, le nostre abituali relazioni con Dio, sono laboriose e difficili. Il Cielo non è ancora aperto e ben sappiamo che la fede è la prova della vita. La testimonianza dei sensi, la volubilità dell'immaginazione, l'incostanza dei desideri e della volontà, tutto cospira contro di noi quando ci inginocchiamo a pregare.

«Ecco che Egli sta dietro la vostra parete» (1). Noi sappiamo che Gesù è nel Tabernacolo, vicino a noi come il Sacerdote nel confessionale, attento ad ogni nostra parola; eppure come siamo lenti a parlargli e quanta poca confidenza abbiamo in Lui. Una conver· sazione fatta da un solo interlocutore non può durare a lungo, e questo pare a noi il caso della nostra preghiera.

Certo la colpa è della nostra poca fede; certo alla presenza del Sommo Pontefice o del Sovrano saremmo più rispettosi; ma la condizione è diversa e non può

(1) *Cantica*, II, 9.

esservi paragone; mancano le parole reciproche, la voce, lo sguardo, ed altre circostanze. Eppure vorremmo fissare in Lui i nostri pensieri distratti, il nostro cuore instabile e non possiamo. E' vero, ma possiamo fissare l'attenzione alla verità delle cose e nella verità troviamo un rimedio.

« Ecco, Egli sta dietro la nostra parete ». Ma questa barriera non è un ostacolo alla nostra unione con Lui; anzi è voluta da Lui, espressamente, come parte necessaria della prova, come salutare disciplina e purificazione di amore. Tali sono i privilegi, i vantaggi ed i beni che in questa vita appartengono al dolore e che soltanto attraverso il dolore si conseguono. E' una grazia presente ed è anche un pegno di grazie future. « Beati coloro che non hanno veduto ed hanno creduto » (1). E' un pegno di quella visione piena e chiara « riservata nel Cielo per voi che per virtù di Dio siete custoditi dalla fede per la salvezza, la quale si manifesterà nel tempo estremo. Voi esulterete se un poco ora sarete afflitti, affinchè la prova della vostra fede più preziosa dell'oro, che si purifica col fuoco, sia trovata degna di lode, di gloria, di onore, nella manifestazione di Gesù Cristo, che voi amate senza averlo veduto, nel quale anche adesso credete senza vederlo e credendo esulterete in un ineffabile gaudio beato » (2).

« Ora vediamo attraverso uno specchio per enigma, allora poi faccia a faccia « (3). « Io lo vedrò, ma non ora » (4). Come sarà allora più risplendente e dolce la visione beatifica per quanto oggi è stata velata e oscura!

Oh, come sarà intensa la gioia di quell'ora in cui la fede non sarà più, pensando a quanto ci sarà costata la fede nel passato!

(1) S. Giovanni, XX, 29.
(2) S. Pietro, I, 4 e seg.
(3) I Corinti, XIII, 12.
(4) Numeri, XXIV, 17.

VIII. — ATTRAVERSO I CANCELLI

Il Diletto sta dietro la parete e di là legge nel nostro cuore tutte le difficoltà che incontriamo e tanto più ci ama quanto più intimamente ci conosce.

« Non era necessario che altri gi rendesse testimonianza, già che sapeva dapprima che cosa ci fosse nell'uomo » (1). Gesù conosce quanto ci sia difficile la preghiera, allorchè pare che non sia ascoltata; conosce le pene derivanti dalle nostre malattie, le angustie delle nostre preoccupazioni, la noia che ci reca lo sforzo di concentrare i pensieri dispersi che, richiamati per breve tempo all'ordine, corrono il pericolo di sbandarsi peggio di prima, per reagire alla costrizione. Gesù sa tutto questo ed il rimedio sta nel ricordare che Egli sa tutto. Gesù che ha voluto la preghiera come mezzo di grazia, si contenta della preghiera che siamo capaci di fare. Egli che ha stabilito le circostanze esterne della nostra vita, le quali costituiscono le preoccupazioni della nostra giornata, non pretende che la volontà faccia sforzi straordinari per escludere ogni pensiero allorchè ci inginocchiamo a pregare. Egli vorrebbe che, delle nostre distrazioni e delle nostre pene facessimo non tanto un argomento di rimprovero a noi stessi e forse di umiliazione, quanto, piuttosto, motivo di una invocazione di amore e di fiducia nella sua compassione e nel suo aiuto. Questa è preghiera.

Mettete il capo stanco e dolente, i muscoli tesi, ai suoi piedi senza parlare ed Egli vedrà ed il suo Cuore vi darà conforto e pace.

Vi sono momenti in cui la stanchezza fisica, il freddo o il caldo, un pensiero importuno, lo stimolo

(1) S. GIOVANNI, II, 25.

di una tribolazione più viva, rendono quasi impossibile lo sforzo della mente per fissarsi sul soggetto della preghiera e concentrano invece tutta l'attenzione su quello che per il momento è il pensiero dominante. Altre volte la mente ed il cuore sono così completamente vuoti e freddi che è impossibile destarli. In tali circostanze, dobbiamo ricorrere alla ragione. « Che direi adesso se fossi alla presenza di quella tal persona che mi è cara, con la quale sono in confidenza, a cui sono noti i miei affanni, le mie difficoltà, il mio carattere, i segreti della mia anima, quella i cui affari, i cui desideri, i cui affetti condivido pienamente; quella accanto a cui il tempo vola e da cui mi è sempre penoso prepararmi? Ebbene, quello che direi a quella persona amata, voglio dirlo a Gesù che mi ascolta nel Tabernacolo ».

Oh, Gesù, Dio nascosto, « **amico più che fratello** » (1), io credo fermamente che Tu sei presente qui. a pochi passi dal posto ove sono inginocchiato.

Tu stai dietro quella piccola parete e ascolti ogni parola di fiducia, di amore, di gratitudine e di lode; ascolti il cuore che si effonde alla Tua presenza come il ruscello che scorre e va al fiume rapido nel giorno di primavera; ascolti con maggior tenerezza quando la voce è soffocata dall'angoscia o dall'aridità, come il ruscello immobilizzato dal ghiaccio. Quando mi inginocchio davanti a Te, tormentato e stanco, preoccupato di mille cose, arido e duro, senza saper parlare, fa che il mio cuore possa volgersi a Te, Signore, anche nel turbamento e nella freddezza, per confidarti tutto ciò che mi interessa, perchè « **Tu conosci tutti gli uomini e non è necessario che altri Ti renda testimonianza per un uomo giacchè sai che cosa ci sia nell'uomo** » (2).

(1) *Proverbi*, XVIII, 24.
(2) S. Giovanni, II, 25.

IX. SIGNORE VIENI E VEDI

*Gesù allora, vedendo che (Maria) pian-
geva, fremette in ispirito e disse: Dove
lo avete messo?*

(S. GIOVANNI, XI, 34).

Gesù, vieni nel mio cuore; non è una dimora degna della Tua divina Maestà, ma Tu che non sdegna-
sti venire dal Cielo alla capanna di Betlemme, non
sdegnare la povera stanza del mio cuore. Il Tuo amore
può fare di esso il luogo delle Tue delizie. Signore,
vieni e vedi!

Un giorno le lacrime e le preghiere di Marta e di
Maria Ti guidarono a Betania e, sulla tomba dell'amato fratello, Tu piangesti e risuscitasti Lazzaro dalla
morte; vieni nel mio cuore, Gesù, vieni e vedi.

Un tempo Ti piegavi verso chiunque implorava la
Tua misericordia; languidi, infermi, poveri si affolla-
vano intorno a Te, si mettevano ai Tuoi piedi. Ebbene,
guarda verso di me e vedi tutte le miserie di cui sono
circondato; ho bisogno del Tuo sguardo pietoso. Vieni,
o Signore, e vedi.

Tu che curavi la lebbra, che imperavi sui demoni
e li mettevi in catene, vedi le aspre piaghe dell'anima mia, vedi quante pene nascoste! Signore, vieni e
vedi.

Vieni nel mio cuore, o Gesù. E' arido, è freddo, è
ingrato al Tuo amore; ma Tu solo puoi dargli ciò che
gli manca perchè diventi un tempio sacro al Tuo Amore. Signore, vieni e vedi.

Signore, se Tu vieni, qual felicità pel mio cuore!
Esso sarà beato più dell'antico tempio, negli antichi
giorni. Fa che in esso viva il canto, il sacrificio, la preghiera e la lode. Signore, vieni e vedi.

Forse, come un giorno nell'atrio del Tempio tro-
vasti coloro che profanavano la casa del Padre Tuo, la

casa dell'orazione, oggi troverai nel mio cuore la profanazione del peccato, il traffico del mondo, gli interessi ed i pensieri mondani. Signore, vieni e vedi.

Vieni, Tu che sei il Santo dei santi; io mi sottometto a Te.

Prendi il flagello e sferza; Signor mio, amore mio qual beata trasformazione opererai oggi in me, per farmi diventare tutto Tuo? Signore vieni e vedi!

X. FREDDEZZA

> *Venne nella sua casa ed i suoi non lo accolsero.*   (S. GIOVANNI, I, 11).

Pare strano, Signore, che i Tuoi non Ti abbia - no accolto mentre eri stato promesso da tanto tempo! Fosti ardentemente desiderato dai più antichi e migliori Padri nostri; fosti gloriosamente prefigurato, chiaramente rivelato nelle profezie, sì da destare la più viva speranza e suscitare il più ardente amore. Perchè i Tuoi non Ti accolsero? Perchè, anche oggi, vieni nella Tua proprietà e non Ti danno il benvenuto, non Ti accolgono, sei abbandonato non solo durante la notte — cosa facilmente spiegabile — ma anche durante le lunghe ore della giornata? E i tuoi amici, quelli che più avrebbero bisogno di Te perchè affaticati e stanchi, stanno solo ad un passo dalla Tua porta! Oh, Signore, l'oltraggio e il sacrilegio, effetto dell'odio dei Tuoi nemici, stupisce meno e forse è meno deplorevole della freddezza di coloro che Tu chiami i Tuoi!

Non sei abituato a lamentarti; ma quando, attraverso i secoli, rompi il silenzio con un dolce rimprovero, ripeti sempre la stessa parola, Ti lamenti per la diserzione di quelli che Tu ami. **« Ecco... i miei più intimi si sono allontanati da me... i miei fratelli sono andati lungi da me »** (1). **« Adesso credete? Vi disper-**

(1) *Giobbe*, VI, 13.

derete, ciascuno per la sua via, e mi lascerete solo » (1).
Quanto Ti abbia ferito, e Ti ferisca ancora, per parlare col linguaggio umano, la desolazione dell'abbandono, hai espresso in quel grido di amore non corrisposto: **« Ecco quel Cuore che ha tanto amato gli uomini e che riceve così poca corrispondenza e gratitudine ».**

Chi avrebbe mai pensato che Dio potesse fare un rimprovero così tenero e che gli uomini potessero sentire tale rimprovero senza essere commossi e vinti?

Gesù non esige sempre che gli uomini facciano per Lui grandi sacrifici, che abbandonino per Lui ogni cosa, ma desidera almeno che essi facciano qualche cosa per tenergli compagnia nella solitudine ed essergli accanto nei suoi dolori.

Mio diletto Gesù, poichè Tu sei rimasto in mezzo a noi e sei pronto ad ascoltare sempre tutti, sarebbe stato naturale aspettarsi di vedere gli uomini affollarsi intorno a Te, intorno ai Tuoi altari, ininterrottamente, in tutte le ore del giorno, come quando Tu vivevi la Tua vita terrena e la folla Ti circondava continuamente, per mostrare tutta la fiducia nel Tuo amore. Ma dove è la nostra fede poichè Ti abbandoniamo così? **« Adesso credete? Ecco vi disperderete, ciascuno per la sua via, e mi lascerete solo ».**

Venne nella sua propria terra. Gesù viene da una lontananza inimmaginabile: dal Cielo all'Ostia e si ferma sull'Altare. Non può venire da più lontano. Il resto della via dobbiamo percorrerlo noi, noi dobbiamo andargli incontro nella Comunione e, se non lo facciamo, il suo viaggio di amore è vano per noi. Gesù non costringe la nostra libertà, ma vuole che andiamo a Lui. E chi di noi vorrà deludere la sua attesa? Se il nostro amore non ci attira a Lui, ci prenda almeno compassione del suo amore e pensiamo che, se siamo

(1) S. Giovanni, XVI, 31-32.

liberi di privare la nostra anima della Comunione, non siamo liberi di privare Lui delle sue Comunioni.

Oh divino Amante della mia anima, Tu desideri venire a me! E la Tua gioia è di stare con me, benchè io sia freddo ed inospitale. Vieni, dunque, vieni, Signore Gesù, e, nel soddisfare il Tuo desiderio, accendi anche il mio!

XI. LA FEDE

Ad firmandum cor sincerum - Sola fides sufficit. (Dall'Inno Pange Lingua)

Una delle cose che maggiormente impedisce la libertà e la gioia delle nostre relazioni con Gesù Nostro Signore nel SS. Sacramento è la grande importanza che diamo ai nostri sentimenti. Ad onta di quanto gli altri possono dire a questo proposito, badiamo di non allontanarci dall'Eucarestia col pretesto della nostra poca devozione sensibile e della nostra indegnità, giacchè non avremmo altro risultato che lo scoraggiamento e tutte le pessime conseguenze che ne derivano.

Gli affetti sono come figliuoli ostinati i quali spesso diventano più capricciosi quanto più sono accarezzati. E' prudente invece non farne conto; accettiamoli lietamente se li abbiamo, ma non ci turbiamo se ne siamo privi. Non la mancanza di devozione sensibile deve allontanarci dall'Altare, ma la mancanza di fede. Solo questa dobbiamo seguire; appoggiamoci ad essa tanto più tenacemente quanto più si avvicinano i giorni dei quali disse il Signore: « **Eppure, quando verrà il Figliuolo dell'uomo, credete voi che troverà fede sulla terra?** » (1)

Con tenace insistenza dobbiamo ripetergli: « **Resta con noi perchè si fa sera** » (2). Con la fede entra

(1) S. Luca, XVIII, 8.
(2) S. Luca, XXIV, 29.

e prende possesso di noi ogni bene e non è necessario andare ansiosamente in cerca di altro. Anche a questo proposito serve per noi quello che la Chiesa canta per l'Eucaristia: « **Sola fides sufficit** ».

Oh mio Dio, dammi questa fede! Una fede profonda e viva in tutto ciò che ha rivelato lo Spirito Santo e che insegna la Tua Chiesa.

Dammi questa unica cosa necessaria e non ho bisogno di altro: **sola fides sufficit**. Dammi la fede viva che si traduce nella vitalità delle opere buone, quella fede che animava i Tuoi santi. Fa che mi aggrappi con forza alla verità rivelata, ma specialmente dammi una fede intensa, sempre crescente, nel mistero dell'Altare, in quel mistero che è il centro di tutta la nostra fede.

Quando io avrò quella fede viva che ebbero i Tuoi santi, qual trasformazione opererà nella mia vita la Tua reale presenza nell'Eucaristia! La mente, il cuore, l'immaginazione, la volontà, le intenzioni, i desideri, tutto sarà diretto ad Essa, tutto sarà in Essa assorbito. O Gesù, qual mirabile trasformazione! **Sola fides sufficit!** Accresci, o Signore, la mia fede.

Signore, Tu che un giorno mettevi le mani sugli occhi dei ciechi che bramavano la luce e ridavi loro la vista, ecco che io vengo a Te e Ti prego supplice: « O Cristo, Figlio di Davide, fa che io veda! ». Io Ti chiedo una fede che le nubi della terra non possano oscurare, una fede che tocchi il Cielo, una fede che mi faccia apprezzare ogni cosa nel suo giusto valore. Tu lo puoi, Tu lo vuoi; Signore, fa che io vegga!

Se, più che ad eccitare i nostri sentimenti, pensassimo a meglio ridestare la nostra fede, qual maggior valore acquisterebbero le nostre Comunioni! E con la Fede verrebbero anche gli affetti del cuore.

Pochi minuti passati nel pensare chi è Colui il quale è veramente presente a noi, a pochi passi da noi, nel Tabernacolo, bastano per suscitare nell'anima nostra l'umiltà, il dolore, la gratitudine, il desiderio e per alimentare il fuoco dell'amore. Egli è il Messia promesso da tanto tempo al mondo, che i Re ed i profeti desideravano vedere; Quegli che i suoi contemporanei desiderarono conoscere; ai cui piedi sedeva Maria di Betania, indifferente a tutto fuorchè al desiderio di vedere il Suo volto e di ascoltare la Sua parola; Quegli le cui parole « Tuo fratello risorgerà », « va e non peccare più », portavano la speranza e la felicità nei cuori angosciati; Quegli che si prostrò sotto gli ulivi, schiacciato dal peso dei miei peccati; Quegli che morì per amore di me e amandomi quel venerdì Santo di tanti secoli fa; Colui che deve tornare dal Cielo, là dove lo contempleremo nella vita beata.

« Io credo, Signore, aiuta la mia fede ». Io credo che sotto il velo dell'umiltà Tu sei qui veramente presente, o Dio nascosto; io credo che si avvicina il giorno in cui Ti vedrò venire sulle nuvole del cielo, con grande potere e gloria, nello splendore della Tua maestà, e la natura tremerà al Tuo cospetto, mentre gli eletti leveranno il capo, perchè è vicina la loro redenzione.

Oh Giudice dei vivi e dei morti, ricordati di me in quel giorno! Ricordati di me quando vieni ad accogliere i Tuoi nel Tuo regno! Ricordati, Ti prego, in quell'ultima Tua venuta, di tutte le volte in cui Ti sono venuto incontro, mentre Tu venivi a me velato nell'Eucaristia e fa che il mio cuore esulti di gioia e che io Ti venga incontro.

> Jesu, quem velatum nunc aspicio,
> Oro fiat illud quod tam sitio,
> Ut, Te revelata cernens facie,
> Visu sim beatus Tuae gloriae.

XII. — DOPO UNA SCONFITTA

Non perderti d'animo poichè varii
sono gli eventi della guerra.

(II Re, XI, 25)

Quante parole di coraggio hai per me, mio Signore e mio Dio, quando avvilito ed inquieto vengo a Te, per confessare una nuova sconfitta! E' vero, le Tue vie non sono le nostre vie. Noi diamo somma importanza al risultato di un'opera: se un generale di esercito è abile nella strategia, coraggioso nel combattimento, ma subisce ripetute sconfitte, certo non riscuote più fiducia e in breve viene sostituito nel comando. E' necessario che sia così, ma Tu usi diversamente con noi.

Io ho la coscienza di non aver fatto del mio meglio, sono stato negligente nella preparazione, debole e codardo nella battaglia. Eppure, dopo una sconfitta, Tu hai per me solo parole di incoraggiamento; nessun rimprovero, nessuna mancanza di fiducia: « **Combatti qual valoroso soldato e se talora, per fragilità, Tu cadi, riprendi più vigorosamente di prima le Tue forze, e spera da me una grazia più grande** » (1).

Appena invoco il Tuo aiuto, Tu mi soccorri non guardando alla mia infedeltà, ma al mio bisogno. E sono sostituito nel comando solo perchè tu stesso scendi nel campo e avvalori talmente le mie forze che ogni ostacolo si abbatte ai miei piedi.

Mi addolora o mio Re, il disonore che per mia colpa può venire al Tuo nome e alla Tua causa; ma non mi perdo di animo poichè, se in ogni altra cosa io sono manchevole, nella fiducia non mancherò mai.

Anche se sarò abbattuto settantasette volte al gior-

(1) *Imitazione di Cristo,* III, 6.

no ritornerò sempre alla carica, sempre risoluto, sempre prudente. E' un'opera ardua, ma se non viene meno la Tua pazienza, o Signore, non verrà meno la mia buona volontà perchè so che la lotta Ti glorifica e so che se continuo la battaglia sino alla fine, Tu mi riceverai, finito il tempo della prova, con le dolci parole: « **Euge, serve bone et fidelis** ».

XIII. — DOPO UNA VITTORIA

Grazie a Dio il quale ci ha dato la vittoria per Gesù Cristo Signor Nostro.
(I Corinti XV, 57).

Mio Gesù diletto, vengo spesso ai Tuoi piedi dopo le mie sconfitte; così mi è dolce venire da te quando ho qualche cosa di meglio da offrire al Tuo Sacro Cuore.

Grazie a Dio. La Tua grazia, mio Dio, dal principio alla fine, mi ha accompagnato e coronato. Da parte mia non vi è altro che la cooperazione all'aiuto che Tu mi hai dato.

Il quale ci ha dato, dato a me, così debole, così vile in cui si può così poco fidare nei momenti di travaglio e di lotta, a me, che spesso disonoro la bandiera e che sono in ogni caso un soldato miserabile.

La vittoria. Forse è poco per gli altri, ma per me è qualche cosa di grande, è un trionfo, o mio Signore. Tu, Re generoso, non consideri mai piccoli i nostri piccoli successi. Accogli bene tutti, sei fiero di tutti, e serbi guiderdone e lode per tutti nel giorno della ricompensa.

Per Gesù Cristo Signor Nostro, pel quale, col quale e nel quale noi vinciamo. Tutto possiamo in Lui che ci conforta. **Jesu, tibi sit gloria!**

Grazie a Dio, il quale ci ha dato la vittoria per Gesù Cristo Signor Nostro.

XIV. — AMICO DIVINO

*La donna..... andò a prostrarsi da-
vanti a Lui e gli confessò tutta la verità.*
(S. Marco V, 33).

Solo ad un amico possiamo dire tutta la verità
e solo una profonda amicizia può esigere lo sforzo di
tale rivelazione.

Le altre amicizie suggeriscono il riserbo. Possiamo
forse confessare ad un amico la mancanza di fiducia
in lui, la mancanza di simpatia per le sue gioie ed
i suoi dolori, la nostra freddezza ed insensibilità a suo
riguardo? Potrebbe mai l'amicizia umana, anche nella
più grande abnegazione, sopportare dichiarazioni simili?

No, dobbiamo fermarci, se non vogliamo che le acque correnti a poco a poco diventino di ghiaccio. Con-
fessando la sfiducia, nessuno crederà che abbiamo dato un segno di confidenza e certamente non nascerà
l'amore dalla rivelazione della freddezza. Come sono
povere le affezioni del cuore umano, geloso e sospettoso ad ogni reticenza, eppure incapace di sopportare
le schiette rivelazioni! E' una debolezza tanto comune
che quasi non sapremmo rimproverarla, tuttavia de-
sideriamo intensamente un cuore come il nostro eppure abbastanza forte per sopportare il peso che vorremmo riversare in esso. Ecco questo cuore virile ed
amante: è il Cuore di Gesù; non v'è pericolo che da
Esso restiamo delusi. Ecco il Tabernacolo che cerchiamo, ecco il Cuore che ci aspetta, pronto ad ac-
coglier tutti.

Qui possiamo sfogare tutta l'anima nostra, qui possiamo dire **tutta la verità**, qui possiamo schiettamente
rivelare tutti i nostri sentimenti, l'incostanza, la insensibilità, la sfiducia, l'egoismo, persino l'ingratitudine; possiamo confidar tutto a Gesù che non se ne

meraviglia perchè conosce le intime fibre di ogni uomo. Nessuna confessione potrà meravigliarlo, nessuna miseria potrà disgustarlo.

Egli accoglierà con tenerissima indulgenza ogni penosa confessione e riterrà i nostri sfoghi come segni di fiducia che gli è sommamente grata.

XV. — UNA VISITA SEROTINA

Resta con noi perchè si fa sera.
(S. Luca XXIV, 29).

Il Buon Pastore sorveglia le sue pecorelle specialmente durante la notte. O buon Pastore, io raccolgo intorno a Te questa notte le pecore del Tuo gregge sparso in tutto il mondo e le affido alla Tua vigilanza. Dovunque esse sono, ivi Tu sei in mezzo a loro. Nelle città affollate Tu sei il custode delle moltitudini che dormono intorno a Te; e nei silenziosi villaggi, dove solo un fioco lume arde di notte, Tu sei il custode di quelle anime semplici che sono a Te d'intorno. Tra i casolari sparsi dall'uno all'altro polo del mondo e fra le tribù selvagge, Tu sei contento di condividere il povero asilo del Tuo Sacerdote, proteggendo ovunque le Tue pecorelle dal lupo che cerca la sua preda, dall'avversario che va intorno nelle tenebre. Tu sei sempre con noi, non solo tutti i giorni, ma tutte le notti, sino alla fine dei secoli.

Resta con noi, Signore, questa notte. Resta per adorare e ringraziare il Padre Celeste per noi, mentre dormiamo; per attrarre la grazia e la misericordia sul mondo; per soccorrere, dai Tabernacoli terrestri, le anime purganti nella loro lunga notte di tormento e di pena.

Resta con noi, per fugare l'ira di Dio dalle nostre città popolose, divenute asilo di vizi e di peccati che gridano vendetta al Cielo.

Resta con noi, per vegliare sugli innocenti, per sostenerci nelle tentazioni, per sollevare i caduti, per debellare il potere del demonio, per salvarci dal peccato.

Resta con noi, per confortare gli afflitti, per benedire i moribondi, per dar loro la grazia della contrizione, per ricevere nell'amplesso della tua misericordia tutti coloro che quella notte compariranno al Tuo cospetto. O buon Pastore, resta con le Tue pecorelle, preservale dai pericoli che le circondano. Resta specialmente con gli afflitti ed i moribondi. « Concedici la grazia di terminar bene i nostri giorni e dà a noi una notte tranquilla ».

Sii il nostro Pastore misericordioso sino alla fine affinchè senza timore possiamo comparire davanti a Te quando verrai a giudicarci.

Resta con noi, Signore, questa notte; più felici degli Israeliti dormienti sotto la protezione della colonna di fuoco, noi dormiamo alla presenza del Dio Incarnato che ci protegge ad ogni istante. In tutta verità possiamo dire: **« In pace con Lui dormirò e mi riposerò »** (1). Degnati, Signore, questa notte di custodirci senza peccato.

Mi rappresento la terra suddivisa in tante zone e vedo ciascuna di esse sotto la protezione di un Tabernacolo; da quel centro partono i raggi della divina protezione per tutti gli abitanti di quel luogo e la luce si diffonde e fortifica le anime contro il peccato.

Oh, Signore da ogni Tabernacolo effondi questa notte grazie efficaci per impedire non uno, ma mille peccati e poichè per nostro rifugio abbiamo scelto l'Altissimo, **« non permettere che il demonio si accosti a noi per farci male »** (2). **« Salvaci o Signore quando vegliamo, custodiscici quando andiamo al riposo, affinchè vigiliamo con Cristo e riposiamo in pace »** (3).

(1) *Salmo,* IV, 9.
(2) *Salmo,* XC, 9-10.
(3) *Antifona a Compieta.*

— 38 —

XVI. — PREDILEZIONE

Nelle tue mani è la mia sorte.
(Salmo XXX, 15).

Signore, se, conoscendo noi il valore della nostra anima, potessimo scegliere i mezzi necessari alla nostra salvezza; se Tu mettessi a nostra disposizione le ricchezze e la povertà, la malattia e la salute, una vita lunga o una vita breve e ci permettessi di scegliere quello che ci sembra il meglio, saremmo forse contenti? Non so, ma certamente, se fossimo prudenti, dovremmo dirti: «Signore, non affidare a me la scelta perchè, senza dubbio, io sceglierò quello che mi piace e forse non sarà il mio meglio».

E se Tu ci dicessi: «Vi sono pochi eletti la cui salvezza mi è tanto cara che non voglio affidare la scelta dei mezzi a nessuno, ma tutto farò e disporrò io stesso. Non accadrà loro niente che non sia stato preveduto e predisposto dall'Eternità nella mia infinita bontà e sapienza. Nessuno potrà far loro del male, non avranno gioie e dolori nella vita, nessun capello cadrà dal loro capo senza il mio permesso»; noi diremmo:.«Mio Dio, se potessi essere io uno di questi eletti la cui salvezza è certa!».

Ma a questo punto Tu mi inviti a riflettere e mi dici: «Queste anime elette in vita non potranno far mai la loro volontà. La strada sarà difficile e dura, vedranno prosperare nelle mani degli altri quello che nelle loro non riesce; saranno maltrattati da quanti li circondano, giudicati male, messi da parte, fatti segno ad ingiustizie; la vita per molti di loro sarà profondamente penosa».

Ritirerò le mie parole dopo questa riflessione? Invece, con la Tua grazia, posso ripeterti: «Non importa! Che valore possono avere queste cose, quando si è sicuri del Tuo appoggio, quando si sa che dalla Tua mano viene la croce, l'insuccesso, il dolore! No, mio Dio, questo non mi spaventa. Concedimi che io sia uno di quelli la cui sorte è nelle Tue mani e non temerò niente, non mi lamenterò di niente, anzi Ti sarò sempre grato di tutto quanto mi possa accadere; bacerò la Tua mano anche quando mi colpisce; mi sentirò tranquillo e contento sempre nel pensiero che la sapienza di Dio dispone tutto per me e l'amore del Padre celeste mi manda tutto quello che mi è necessario. Concedimi che io sia uno di quegli eletti e vedrai quanta stima avrò di tale predilezione, come apprezzerò tutto quello che mi mandi ».

Ho fatto delle ipotesi. Ma in realtà io sono di fatto un essere privilegiato, la cui vita in tutte le minime circostanze è effetto della Tua divina provvidenza e della Tua vigile custodia. Come oserò lamentarmi, o mio Dio? Come potrò essere diffidente ed inquieto? « Nelle tue mani è la mia sorte ».

XVII. — LE MERAVIGLIE DELL'AMORE

> *I miei pensieri non sono i vostri pensieri e le mie vie non sono le vostre vie, dice il Signore*   (ISAIA IV, 8).

Quante volte mi inginocchio qui, davanti al Tabernacolo, faccio la genuflessione, ripeto l'Atto di Fede e non rifletto a ciò che credo e a ciò che adoro! Penso raramente che mi trovo in una terra santa e che a pochi passi da me sta il Mistero dei misteri; il mistero della fede, il mistero dell'amore, amore che con infinita sapienza e potere infinito nell'Eucaristia ha trovato i confini che Dio stesso non può oltrepassare.

Ma è proprio vero che l'Eucaristia è il più grande mistero? Non ha forse Essa il suo principio in un mistero anche più profondo? E può esservi cosa più meravigliosa dell'Incarnazione? Qual più grande meraviglia di un Dio fatto uomo? Se il Creatore, per amore dell'uomo, vuole umiliarsi sino ad assumere una natura creata, dove si fermerà tale amore? A quali estreme follie vorrà giungere?

Mi pare impossibile, mio Dio, che la Tua infinita sapienza, non abbia temuto le conseguenze di tale prodigalità; che Tu non abbia valutato quelli con i quali avevi da fare; che non abbia considerato come la Tua prodigalità potesse dare origine al dispregio e all'ingratitudine. Forse, mio Gesù diletto, se Tu avessi chiesto il nostro parere, Ti avremmo detto, nell'interesse del Tuo amore, di non rendere troppo facili i nostri rapporti con Te, per timore che la familiarità non ci facesse giungere all' irriverenza. La Comunione quotidiana, la facilità con la quale Tu vieni a noi, la Tua dimora notte e giorno, in tutte le Chiese del mondo, sono doni ineffabili, dati con tanta prodigalità che non fa apprezzare abbastanza i Sacri Misteri e la prova dell'amore, che è il solo fine per cui li hai istituiti. E se così Ti avessimo parlato Tu avresti riconosciuto giuste le nostre riflessioni e ben fondati i nostri timori. Ma Tu hai preso consiglio solo dal Tuo Sacro Cuore!

Perdonami, Signore! « Chi ha dato aiuto allo Spirito del Signore? Chi gli ha dato consiglio? » (1). Soltanto il Tuo Cuore. O Sacro Cuore, Ti sei esposto alla freddezza, all'oltraggio, al sacrilegio, ad ogni specie di indegnità! Eppure, nonostante ciò, « il dono di Dio non è soggetto a pentimento » (2). Perchè « i miei pensieri non sono i vostri pensieri, nè le mie vie sono le vostre vie, dice il Signore » (3).

(1) *Isaia*, XI, 13.
(2) *Romani*, XI, 29.
(3) *Isaia*, IV, 8.

XVIII. — TRASFORMAZIONE

Ecco che io rinnovello tutte le cose
(Apocalisse XXI, 5).

Quante trasformazioni, Signore, opera la Tua Mano! Tacita, inosservata, in ogni ora del giorno e della notte, su tutta la terra, accade la più meravigliosa trasformazione, il mutamento dell'umile sostanza del pane nel Tuo Sacro Corpo, del vino nel Tuo prezioso Sangue.

Così nel mondo delle anime. Le trasformazioni più meravigliose Ti costano una sola parola: « Seguimi! » E gli Apostoli, uno dopo l'altro, abbandonano tutto e Ti seguono; e la mente, il cuore, i propositi, i desideri, tutto il complesso della loro vita è cambiato.

« Saulo, Saulo, perchè mi perseguiti? » E colui che « con passione perseguitava la Chiesa di Dio » (1) si alza pronto e va a portare il nome di Gesù « ai Gentili ed ai figli d'Israele » (2). Con una parola Tu puoi cambiare anche me. Una Tua sola parola e l'apatia per le cose spirituali, l'oscurità della vista, l'indolenza del cuore, gli istinti inferiori, i desideri inefficaci, l'indulgenza con me stesso, la virtù nel Tuo servizio, tutto può sparire. Tu puoi attrarmi; Tu puoi far sì che io Ti segua non solo per dovere o per interesse, ma col passo alacre di chi fa, del Tuo servizio, il motivo centrale della sua vita. Tu puoi fare in modo che la mia anima abbia bisogno di Te e si volga a Te come i fiori al sole, attratti dal calore, dalla bellezza, attratti dal bisogno spontaneo di sviluppare la loro vita. Tu puoi, con una parola, operare tale trasformazione. Perchè non dici questa parola? Tu sei nel Tabernacolo, o Sole di giustizia, abbastanza vicino per ri-

(1) *Galati*, I, 13.
(2) *Atti*, IX, 15.

scaldarmi col Tuo calore; e, se lo desiderassi, verresti ancora più vicino a me, entreresti nell'anima mia per farla vivere di Te!

Signore, di' all'anima mia quella parola che Tu hai desiderio di dire più che io non abbia desiderio di ascoltare! Di' ogni mattina al mio cuore la parola che trasforma, così come quando sull'altare dici la parola che trasforma il pane ed il vino! Di' quella parola che sa mutare in Te stesso la cosa più umile, più comune della terra! Vedi, sulla sacra Patena, il mio cuore, i cuori di coloro che amo, in attesa della Tua parola creatrice e trasformali da quel che sono in quel che Tu vuoi che siano!

XIX. — DEVO DIRTI UNA COSA

Maestro parla.
(S. Luca VII, 40).

Signore, hai una cosa da dire a me? Una parola segreta, solo per me, senza che alcuno ascolti, cuore a cuore? Una parola per farmi conoscere il Tuo piacere segreto? O Maestro, dimmela!

E' forse una parola d'amore che chiede il mio Amore? Troppo povero compenso ad un amore divino, ma è compenso grato al Tuo Sacro Cuore! Mio diletto Signore, dimmela!

E' forse una parola di rimprovero? Sì, Signore, la merito benchè non meriti che Tu mi rivolga la parola. Oh, se potessi sapere che cosa desidera il Tuo amore mentre mi rimproveri! Oh, Divino Maestro, dimmela !

E' una parola che serve a disperdere i miei codardi timori, ad animarmi a portare coraggiosamente la croce che per tanti anni ho trascinata alla Tua sequela con proteste e con lacrime? Dimmela, o Divino Maestro!

Forse è una parola che temo, quella che una, due, più volte mi ha chiesto un dono che mi costa, l'invito al sacrificio? Sì, Divino Maestro, dimmela!

Una tua parola mi mostrerà la strada giusta, conforterà la mia anima debole e mi porterà tutta la grazia necessaria. Divino Maestro, dimmi questa parola!

Ogni Tua parola dà prima di prendere e quando prende dà una ricompensa generosa e quando chiede la forza, concede l'energia. Dimmela, Divino Maestro!

Forse questa Tua parola è un avvertimento in cui si cela l'amore che, per quanto possa parere severo, è benevolo e sapiente e rivela il pericolo agli occhi delle persone incaute. Dimmela, Divino Maestro!

La Tua voce è sempre dolce alle mie orecchie; solo il silenzio inabissa l'anima nella paura. Dimmi tutto quello che vuoi senza esitare; io desidero ascoltare la Tua parola. Dimmela, Divino Maestro! Una Tua parola di tenerezza diede conforto a Tommaso, una Tua parola compassionevole promise il Regno dei Cieli al buon ladrone; una sola parola solleverebbe l'anima mia. Dimmela, Divino Maestro!

Le intenzioni, i desideri, gli affetti si muterebbero, si desterebbe in me una nuova virtù di sacrifizio, un nuovo bisogno di lavorare e soffrire per Te. Divino Maestro, dimmi questa parola!

Io so che Tu hai una parola da dirmi; l'ho sentita tante volte nelle ore silenziose della preghiera e forse me la ripeterai ancora.

E' la parola che la preghiera incessante della vita strappa al Tuo Cuore, la parola che assicura la mia sorte eterna, la parola che devo sentire, se non voglio perire per sempre. Dimmela, Divino Maestro!

Quando sarà trascorso il breve tempo della vita e della grazia e cercherò il mio posto nell'al di là e tremante mi prostrerò davanti alla Tua faccia svelata, Divino Maestro, dimmi quella parola!

Vieni! Dolce invito dopo gli anni penosi dell'esilio, riposo dopo la lotta terribile tra la speranza ed il timore, parola soave di benvenuto dopo il travaglio e le lacrime... O Maestro, dimmela!

Ora taci, ma serbi per me la parola che mi farà Tuo per sempre; Maestro diletto, per la Tua misericordia infinita, Ti prego, dimmi quella parola!

XX. — UN LAMENTO DIVINO

Due mali ha fatto il mio popolo; ha abbandonato Me, Fonte di acqua viva e sono andati a scavarsi delle cisterne, cisterne che gemono e che non possono contenere le acque.

(Geremia II, 13)

Chi può essere tanto insensibile da non vedere in questo tenero rimprovero un motivo di contrizione? Non si tratta soltanto della Divina Maestrà oltraggiata, dei divini diritti violati, ma del danno portato a noi stessi; ecco il male che abbiamo fatto abbandonando Iddio. Ed Egli è presente ed osserva tristemente i nostri sforzi per soddisfare, coi miserabili piaceri della terra, il nostro cuore fatto per Lui.

Il Verbo Incarnato ripete il lamento: « **Non volete venire a me per avere la vita** » (1) e attraverso i secoli ci ripete le stesse parole dagli innumerevoli Tabernacoli dove vive per noi la vita Eucaristica.

Ed è da stupire che quel lamento non ci fermi e che noi procediamo indifferenti. Eppure come sarebbero diverse le nostre occupazioni quotidiane e come accetteremmo diversamente le noie e le ansietà della vita se attingessimo più spesso dall'Altare la vera vita

(1) S. Giov. V, 40.

che vuol darsi a noi! Gesù non abusa del nostro tempo. Egli è l'Ospite più cortese e sa che non possiamo trascurare le nostre cure domestiche come non le trascurò la Sua benedetta Madre nella piccola Casa di Nazareth. Egli ci lascia i pensieri, le occupazioni, anche i divertimenti, ma si mette accanto a noi come nostro aiuto, dirige il nostro lavoro, purificando e consolando i nostri dolori. Ove mai potremmo trovare un simile compagno? Perchè dunque non ascoltiamo l'invito che Egli ci rivolge dal Tabernacolo: « Cercate un amico? Ecco, sono io ».

Oh, tenerissimo Amico, chi siamo noi che Tu con tanta premura chiedi la nostra amicizia? Non hai intorno a Te legioni e legioni di Angeli?

Che bisogno hai di noi? Eppure non soltanto sopporti la nostra compagnia, ma la desideri. I bambini piccoli, capricciosi, che danno noia agli estranei, sono invece la gioia dei genitori ai quali pare che manchi qualche cosa se non li hanno accanto e non li stringono tra le braccia. Anche Tu fai così con noi. Per soddisfare il bisogno del Tuo Cuore chiami noi, poveri e inquieti, intorno a Te. Se Ti avessimo trattato come meriti, non avresti potuto essere più innamorato della nostra compagnia. Certo, la Tua insistenza dovrebbe disperdere il timore che la freddezza e l'ingratitudine Ti possano disgustare. « **L'amore è paziente e benigno, tutto soffre, tutto spera, tutto sopporta** » (1).

O, Signore, Amante divino, non vogliamo darti una delusione, e poichè sei contento di averci così come siamo, noi ci avviciniamo a Te senza timore. « **Ecco, noi veniamo a Te, perchè Tu sei il Signore Dio nostro** » (2).

(1) *Corinti* XIII, 4-7.
(2) *Geremia* III, 22.

XXI. — RINGRAZIAMENTO

Egli si prostrò ai suoi piedi per rin-
graziarlo.

(S. Luca, XVII, 16)

Anch'io, Signore, nell'effusione del cuore, in un tra-
sporto di gioia, di lode e di gratitudine perchè hai
esaudito la mia preghiera, mi prostro oggi ai Tuoi
piedi. Tutti gli eventi della mia vita sono tracciati
dalla Tua Mano divina che sempre mi guida al bene e
tutto ordina per la mia salvezza. « Oh, Signore, Tu mi
hai reso felice con una grande gioia » (1). « Benedetto
oggi sia il Signore Dio » (2). « Noi Ti benediciamo, o
Signore Dio, perchè non ci è accaduto quello che cre-
devamo, poichè Tu ci hai usato misericordia ed hai
avuto pietà di noi » (3).

« Benedici, o anima mia, il Signore, e tutto quello
che è in me, benedica il Nome santo di Lui. Benedici,
o anima mia, il Signore, e non dimenticare i suoi bene-
fizi... Egli sazia il tuo desiderio coi suoi beni... Il Signore misericordioso e benigno non ci ha pagati secondo i nostri peccati,.. la misericordia del Signore
è in eterno sopra coloro che lo temono » (4).

« Date lode al Signore perchè è buono e perchè la
Sua misericordia è eterna. Lo dicano quelli che furono
redenti da Lui e che Egli riscattò dal potere del nemico... alzarono le grida al Signore mentre erano tri-
bolati ed Egli li liberò dalle angustie... Lodino il Signore le Sue misericordie e le Sue meraviglie a pro'
dei figli degli uomini. Perchè ha saziata l'anima siti-
bonda e l'anima famelica ha ricolmato di beni » (5).

(1) II, *Esodo* XVII, 42.
(2) III, *Re* V, 7.
(3) *Tobia,* VIII, 18-19.
(4) *Salmo* CII, 17.
(5) *Salmo* CVI, 9.

« Lodate il Signore perchè Egli è buono; cantate inni al nome di Lui perchè è soave » (1).

« Egli risana i contriti di cuore e fascia le loro piaghe » (2).

« Il Signore mi ha concesso la grazia che Gli avevo domandata » (3).

« Benedetto Dio che non ha allontanato da me la mia orazione e la Sua misericordia » (4).

« Oh, Signore, Dio nostro, tutta questa abbondanza, è venuta dalla Tua mano » (5).

« O Signore, non vi è alcuno simile a Te » (6).

Egli si prostrò ai suoi piedi per ringraziarlo. L'atteggiamento più adatto per ringraziare Iddio è prostrarsi davanti a Lui; e tutto in me, anima e corpo, si prostra in effusione di lode.

Eppure, mio Dio, quando veniamo a ringraziarti. siamo più deboli e più meschini. Il cuore ha maggiori effusioni nella via del dolore che in quella della gioia; conosce meglio la strada e può andare oltre. Il nostro anno liturgico è fatto di preghiere continue: i nove primi venerdì del mese, la Messa e la Comunione quotidiana, tridui e preghiere; ma quando, finite queste pratiche, per le gioie che ci hai concesse, per le ore di tranquillità e di pace che si sono alternate nell'anima, veniamo a dirti il nostro grazie, come è meschino e breve il nostro Te Deum! Una genuflessione ai Tuoi piedi, forse qualche lagrima, poche parole di gratitudine e il cuore è già vuoto. Invano cerchiamo di attingere dal cuore di Davide l'incenso della lode gioconda chè, sempre, vi pesa sopra il senso opprimente dell'angustia.

Sì, davvero l'anima non è mai così debole e chiusa,

(1) *Salmo* CXXXIV, 3.
(2) *Salmo* CXLVI, 3.
(3) *Re*, I, 27.
(4) *Salmo* XVI, 19.
(6) *Salmo*. XVII, 20.

come quando deve volgersi al ringraziamento. E' sempre come un uccello in gabbia, ma si batte più disperatamente contro le spranghe, proprio quando vorrebbe spiccare alto e libero il volo della lode.

Allora ci rivolgiamo al Dio che sta sull'Altare, a Lui che è vittima di merito infinito, messo a nostra disposizione per essere offerto a Dio in ringraziamento degno e adeguato di tutti i suoi benefici.

, « Che renderò io al Signore per tutti i benefici che Egli mi ha fatti? » (1). Io andrò all'Altare di Dio, per unire il mio ringraziamento e la mia lode alla divina gratitudine del Dio-Uomo. Offrirò con Lui il Suo sacrifizio che è anche il mio, dono di valore infinito, dal mio cuore riconoscente.

Accoglierò il Cuore dell'Uomo Dio nel mio povero cuore, la cui virtù, anche se massima, è sempre infinitamente inferiore a quella che gli si deve.

Mio Dio, io sono contento perchè nella Messa e nella S. Comunione posso offrire a Te un ringraziamento infinito, un ringraziamento degno di te. Accogli non la povertà della mia lode, ma « guarda la faccia del Tuo Cristo » (2). Per Ipsum et cum Ipso et in Ipso... omnis honor et gloria. Amen.

XXII. — TENEBRE

Dio mio, Dio mio, perchè mi hai abbandonato?   (S. Matteo, 27, 46)

Dio mio! Come se non appartenessi ad altri nel mondo. Come se Tu ed io fossimo soli nella creazione! Come se nè in Cielo, nè sulla terra, nè in mare, Tu avessi altre creature!

Dio mio! Come se per me solo avessi fatto l'ordine della natura, della grazia e della gloria, operando per

(1) *Salmo* CXV, 3.
(2) *Salmo* LXXXIII, 10.

me dal principio, per tutti i motivi, per tutte le creature, in tutti gli eventi. Come se per me solo fossero la terra e il mare e ciò che in essi è contenuto; per me le disposizioni della Tua provvidenza nelle vicende del tempo! per me il Cielo dei Cieli, e gli astri che in esso si muovono; per me i Santi e la Vergine Maria, l'Incarnazione, la vita, la morte e la dottrina di Cristo, per me la Chiesa e i Sacramenti, la Messa, l'Eucaristia, la Comunione. Per me la vita eterna e la beata visione di Te stesso, per sempre!

Dio mio! Per cui sono fatto, senza cui la felicità sarebbe impossibile. Mio Dio! Bene supremo, capace di soddisfare completamente ogni bisogno della creatura, Bontà infinita che provvedi a ciascuno e a tutti, perfettamente, secondo i bisogni di ciascuno.

Dio mio! Tu che sei per me in un senso che altri non intende, Padre e Madre, e Sorella e Fratello e Amante e Amico, il tutto per me!

Dio mio! Come se appartenessi a me piuttosto che a Te, come se Tu fossi più mio che io non sia Tuo, come se Tu non esistessi che per amor mio, più di quanto io non sia e non debba essere per l'amor Tuo. O come se ci appartenessimo l'un l'altro in modo tale che di necessità l'uno avesse bisogno dell'altro, come la montagna e la valle, la luce e l'ombra, l'oceano ed il vuoto immenso che esso riempie.

Dio mio! Dio mio! perchè mi hai abbandonato? Perchè mi hai immerso nelle tenebre dove brancolo invano, dove invano cerco la Tua faccia! Perchè quei timori ignoti, quel terrore di pensarti, quel fuggire dal tuo incontro? E, ancor più difficile a comprendere, perchè questa tristezza dell'anima, questa durezza di cuore, questa inquietudine alla Tua presenza, questa insofferenza nel fare la Tua volontà? Perchè questa instabilità e questo turbamento?

Perchè, o Bontà suprema, Ti mostri a me come infinitamente desiderabile, e poi Ti allontani quando stendo la mano per toccarti e attrarti a me? Perchè mi tocchi fuggevolmente e mi spingi nelle tenebre, lasciandomi sempre più desolato e senza conforto quanto più sei stato vicino a me? Perchè non mi ascolti quando grido? Perchè in questo Tabernacolo sei così vicino, eppure così lontano?

Perchè mi rendi sempre più impossibile trovar la felicità senza di Te e ancor più Ti neghi all'anima mia? Perchè mi hai cercato con insistenza quando io Ti fuggivo e Ti nascondi a me ora che io Ti cerco? **Dio mio, Dio mio, perchè mi hai abbandonato?**

Forse Tu vuoi rispondermi per dirmi che sono stato io il primo ad abbandonarti e mi nascondi la Tua faccia per darmi la giusta punizione dell'ostinata sordità alla Tua voce, dell'ostinata resistenza alla Tua guida. Forse Tu aspetti che io faccia i passi necessari per venire a Te. E' forse l'orgoglio, o qualche altra passione che mi separa da Te? Che cosa è, mio Dio? Io Ti supplico: abbatti gli ostacoli che mi dividono da Te; mi pento della mia slealtà, del mio contegno; piango la mia ostinata cecità, la resistenza alla Tua voce, e Ti chiedo perdono perchè sono stato vile e Ti ho rifiutato ogni sforzo ed ogni sacrificio.

E se la coscienza non mi rimorde, tuttavia non sono giustificato, perchè il Tuo occhio che vede tutto, scorge quello che io non vedo. Confesso tutto quello che Tu vedi di male in me; so che Tu avresti il diritto di rivolgere altrove il Tuo sguardo e di abbandonarmi assolutamente. Mostrami quello che Tu vuoi che io veda e fa che possa correggermi dei difetti che non conosco; e se non vuoi mostrarmi quel che io sono nella realtà, per tema che io mi disperi, abbi pietà di me.

Dio mio, Dio mio, perchè mi hai abbandonato? Tu stesso mi hai insegnato a lamentarmi con lamento pieno di affetto. Levo lo sguardo in alto verso le tenebre del Calvario; sento sopra di me il grido che sgorga dal Tuo Cuore straziato e ne ricevo luce e conforto. Se a Te, Figliuolo diletto del Padre, il Padre sembra che nasconda la sua faccia perchè portavi la veste del peccato, qual sarà mai il castigo del peccatore? **Se tali cose furono fatte sopra un legno verde, che cosa sarà mai di un legno secco?** (1)

E se attraverso le tenebre di quella desolazione Egli rimase sempre il Figlio diletto e il più infermo dei fratelli, posso anche io rimanere caro al Cuore del Padre, pur nella disciplina del castigo, pur nella purificazione necessaria del mio amore imperfetto.

Nel colmo della Sua tristezza, Gesù si rivolse al Padre si strinse a Lui, si abbandonò in Lui con fiducia assoluta. Così io posso, devo, nelle tenebre che mi circondano, ricorrere al Padre Celeste.

« Padre, nelle Tue mani raccomando lo spirito mio! » (2) Per questo dolore, per ogni dolore, per l'estremo dolore, quando l'ombra della morte si aggirerà intorno a me e mi sarà difficile vedere la Tua faccia, nelle mani che mi crearono, che mi redensero, nelle quali passerò al momento della morte, Padre, nelle Tue mani raccomando lo spirito mio.

« Dio mio, Dio mio! » Risonò alto nella notte quel grido solitario, straziante, di cui mai vi fu nè vi sarà l'uguale; e risonava **per me** nella notte, quel grido di dolore divino. La sua desolazione amara mitigò lo strazio del mio dolore. E un altro grido risonò svelando il santuario oscuro e angosciato dell'anima di Gesù, prima che lo coprisse l'ombra della morte: **« Padre, nelle Tue mani »**. Ecco il testamento del Figlio di Dio per dare a noi la fiducia ferma e filiale, anche sotto la sferza del dolore, perchè possiamo comprendere che, poichè Gesù è morto per noi, il primo diritto a pretendere l'amore del Padre, è di coloro che sono stati con Lui crocifissi.

(1) S. Luca, XXIII, 31.
(2) S. Luca, XXIII, 46.

XXIII. — CHE COSA E' LA VERITA'

Disse Pilato a Gesù: « Che cosa è la verità? » E, detto questo, uscì.

(S. Giov. XVIII, 38)

Spesso, Signore, nelle mie relazioni con Te, somiglio a Pilato. Spinto dalla Tua grazia, desidero quello che giova alla tranquillità e alla mia pace e vengo a chiederti la via che devo seguire: **« Che farò io per avere la vita eterna? »** (1) **« Insegnami a fare la Tua volontà perchè Tu sei il mio Dio »** (2). Ma, dopo averti detto queste parole, vado via per non sentire la risposta che forse esige da me più di quanto io sia disposto a dare. Temo di rimanere alla Tua presenza per paura che Tu mi chiami là dove non voglio seguirti. E Ti domando con leggerezza: **« Che cosa è la verità »** senza aspettare **« quello che dice a me il Signore Iddio »** (3). Pregò spesso per aver la luce che mi manca, ma non prego abbastanza per aver la forza. Ti dico: **« Fa, o Signore, che io veda »** (5), e quando cominciano a cadere le squame dagli occhi, mi volgo altrove per tema di trovare quullo che cerco.

Ma Tu non sei abituato a costringere la nostra libertà. Tu ci incontri lungo la strada, a cammino inoltrato. Ma Tu hai stabilito che nuova e più abbondante grazia, grazia veramente efficace, ci darai solo in compenso della nostra corrispondenza. Se alla Tua grazia non corrispondiamo, siamo travagliati da una lotta terribile: il Tuo invito da una parte, e la natura ricalcitrante dall'altra.

Disse a Lui Pilato: Che cosa è la verità? E detto

(1) S. Luca XVIII, 18.
(2) *Salmo* CXXXXII, 8-9.
(3) *Salmo* LXXXIV, 8.
(4) S. Giovanni XVIII, 38.
(5) S. Luca XVIII, 41.

questo uscì di nuovo e disse ai Giudei: « Io non trovo in Lui alcuna colpa... allora Pilato prese Gesù e lo flagellò... e uscì fuori di nuovo a dir loro: Ecco, ve lo presento affinchè sappiate che non trovo in Lui alcuna colpa... Pigliatelo e crocifiggetelo; io non trovo in Lui colpa alcuna... Replicarono i Giudei: E' degno di morte perchè si è qualificato Figliuolo di Dio. Quando Pilato udì queste parole si impaurì maggiormente; e, rientrato nel Pretorio, disse a Gesù: Donde sei? Ma Gesù non gli diede risposta... Da quel momento Pilato cercava di liberarlo... e disse ai Giudei: « Ecco il vostro Re... e allora lo abbandonò nelle loro mani perchè fosse crocifisso » (1).

Di quanti dolori, di quante miserie ci addossiamo il peso per la nostra volubilità; per la nostra incorrispondenza alla grazia; solo la preghiera può darci la forza proporzionata alla luce che Dio ci manda poichè a Lui è facile dar l'una e l'altra cosa chè « non vi è chi sia forte come il nostro Dio » (2). Ma devo chiedere questa forza perchè « dal Cielo viene la virtù » (3). « Chiedete e vi sarà dato » (4). « Dio è la mia difesa, in Lui io spererò. Egli è il mio scudo, il mio rifugio, il mio Salvatore » (5). Il Signore non mi lascerà nella mia debolezza e, se mi mostra le sue vie, mi darà anche la forza di seguirle. « Il mio Dio è divenuto la mia fortezza » (6).

(1) S. Giovanni XVIII, XIX.
(2) Maccabei, III, 19.
(3) Re, II, 2.
(4) S. Luca XI, 9.
(5) II Re XXII, 3.
(6) Isaia, IL, 5.

XXIV. — IL SECONDO AVVENTO

*Vedranno il Figliuolo dell'uomo ve-
nire sulle nubi del Cielo... e allora piangeranno tutte le nazioni della terra.*

(S. Matteo XXIV, 30)

Mio Signore, mi pare che non vi sia una parola più
triste di questa in tutta la Scrittura, mi pare che mai,
dal Tuo labbro, uscì più desolata parola. Quando verrai
un'altra volta per compiere l'opera della Redenzione e
distruggere l'ultimo nemico, la morte, quando verrai
per accogliere nel Tuo seno tutti coloro per la cui salvezza scendesti dal Cielo, Ti incarnasti, moristi, fon-
dasti la Tua Chiesa e desti i Tuoi Sacramenti, quelli
ai quali comandasti di vigilare e di aspettare, levando
il capo alla Tua venuta, quando, alla fine, Tu verrai,
non avrai altra accoglienza che questa: « **Allora piangeranno tutte le nazioni della terra** ».

Qual terribile profezia! Pare che essa annunci il
fallimento della verità tra i figli degli uomini, la scri-
stianizzazione del mondo, come se gli eletti fossero soltanto quanti le spighe di grano lasciate sul campo dopo la mietitura.

O Divin Salvatore, da tanto tempo promesso, così
ardentemente desiderato, è questa la ricompensa che
Tu darai a coloro ai quali fosti mandato, fra i quali sei
vissuto come uno di loro, pei quali hai sacrificato tutto
quello che hai preso dalla natura umana?

« **Vedranno il Figliuolo dell'Uomo venire** », non a-
desso nel silenzio della notte, come già a Maria, non
nascosto sotto le umili specie sacramentali, come per
lunghi secoli sui nostri altari, ma **con grande potenza
e gloria, Re nella sua Maestà**, visibile ad ogni uomo.
« **E allora piangeranno tutte le nazioni della terra** ».

La profondità di queste parole dovette fare impres-
sione agli apostoli quando sedevano ai Tuoi piedi quel

giorno, sul Monte degli Ulivi, guardando sulla valle di Giosafat, perchè, mezzo secolo dopo, Giovanni ne ripetette l'eco sul Patmos: « **Ecco che Egli viene sulle nubi e lo vedrà ogni occhio, e si batteranno il petto a causa di Lui tutte le tribù della terra** » (1).

Come ci farebbero tremare queste parole se non ci ricordassimo quelle altre, anch'esse piene di verità: « **Egli manderà i suoi angeli e adunerà i suoi eletti dai quattro venti, dall'estremo della terra all'estremo del Cielo** » (2). Da ogni parte della terra si affolleranno quei beati, « **un turba grande che nessuno può numerare, di tutte le genti e le tribù e i popoli e le lingue** » (3).

Signore Gesù, chi può non desiderare con tutta l'anima di essere uno di quella turba grande, non fosse altro che per consolare il Tuo Cuore delle quotidiane delusioni che Ti danno le anime!

Fa che tale sia la mia sorte e la sorte di quelli ai quali può giungere la Tua misericordia, di quelli che, anche se lontani, possono in qualche modo godere il frutto del Tuo Preziosissimo Sangue.

> Quaerens me sedisti lassus,
> Redemisti crucem passus;
> Tantus labor non sit cassus.

Signore, abbi pietà di tutte le tribù della terra affinchè non periscano nè tremino a causa di Te, quando verrai per il Giudizio.

Quando verrà quel giorno, quel terribile giorno, fa che sia moltiplicato il numero degli eletti, sì che possa essere appagata la sete del Tuo Cuore.

(1) *Apocalisse* I, 7.
(2) S. Marco, XIII, 27.
(3) *Apocalisse* XII, 9.

XXV. — LA NOSTRA TERRA

Coeli enarrant gloriam Dei
(Salmo XVIII, 2)

I Cieli narrano la gloria di Dio. Talvolta la contemplazione del cielo stellato ci strappa dal cuore queste parole e poi subito soggiungiamo: « **Quam sordet tellus!** » Sì, « **quanto par vile la terra allorchè levo lo sguardo per contemplare il Cielo** » (1). Quanto vorremmo esser lontani dalla terra e vicini a Dio! e vorremmo che le Sue mani la nascondessero con tutta la sua iniquità, celandola alla Sua faccia.

Vi sono altre ore in cui ripetiamo quelle parole di Davide: « **Del Signore è la terra** » (2). Ornata di milioni di stelle, le lampade del Suo Santuario che qui appaiono come costellazioni, lì si rivelano nella bellezza solitaria fra le tenebre, la terra si mostra al Creatore come il Cielo, e, benchè piccola, in paragone degli altri astri, pure ha una bellezza particolare agli occhi di Colui che la creò. « **Non si è trovato simile a lei nella gloria** ». Benchè sfigurata e macchiata dal peccato, essa è sempre la terra sulla quale si è realizzata l'Incarnazione, la terra che Dio ha amata e ha data al Figliuol Suo. Le sue strade, i suoi campi, le sue acque, hanno sentito il passo dei Suoi piedi; durante la Sua vita mortale, Egli ne ha fatto la Sua dimora. « **Ho eletto e santificato questo luogo affinchè sopra di esso siano fissi gli occhi miei ed il Cuor mio in tutti i giorni** » (3).

Gli interessi di Gesù per la terra sono tanto vivi, tanto veri, come quando Egli viveva quaggiù e partecipava alle nostre gioie e ai nostri dolori. Ogni uomo,

(1) *S. Ignazio.*
(2) *Salmo* XXXIII, 1.
(3) *II Paralipomeni, VII,* 16.

ogni donna, ogni bambino ha oggi un posto speciale nel Suo cuore.

La Sua presenza sacramentale santifica la terra da un polo all'altro; su tutti gli altari si offre ogni giorno il Sacrifizio divino; in ogni Tabernacolo è raccolta l'adorazione di tutto il creato, e si leva una lode incessante verso il trono di Dio, una lode che vince i miseri oltraggi degli uomini; da ogni Tabernacolo si irradia una vita divina che si comunica a tutti i membri del Corpo di Cristo. Da ciascuno, come da una Fonte Viva, si effondono grazie di luce e di forza, santi impulsi e sublimi risoluzioni, il coraggio e la fortezza e la perseveranza nel bene, le opere di carità nate dall'amore di Gesù Cristo. Tutta la forza spirituale, dalla virtù eroica del Santo al più piccolo atto soprannaturale del peccatore penitente, si sprigiona in quest'ora medesima dagli innumerevoli Tabernacoli sulla terra. dando a Dio una gloria in paragone della quale la gloria materiale dei cieli stellati impallidisce e dilegua.

Oh, Dio nascosto, io Ti adoro come la sorgente di tutta questa vita gloriosa. Come potremmo non amare la terra che Tu hai tanto amata sino a farne la Tua dimora sino alla fine dei secoli? Chi non cercherebbe, con Te e per Te, di illuminare le sue tenebre, di purificare le sue impurità, di far conoscere vicino e lontano il suo Redentore, perchè non sia vano il Suo amore per essa nè il prezioso Suo Sangue sparso sulle sue zolle?

Signore, che posso fare io, nella piccola cerchia in cui vivo, per glorificare il Tuo regno in questo mondo? Tu mi dici: « **Date in dono quello che in dono avete ricevuto** » (1).

Vuoi forse che io prodighi la salute, le ricchezze. i talenti, il mio tempo libero per operare il bene in uno dei vari campi aperti alla mia buona volontà? Mi chiedi forse l'abnegazione ed il sacrificio di me stesso nel-

(1) S. Matteo, X, 8.

l'apostolato familiare? Ovvero mi chiedi di dedicarmi ad una tra le più nobili opere d'apostolato, la più efficace nel presente e nell'avvenire, l'educazione della gioventù, perchè cresca nel Tuo servizio e viva nel Tuo amore? Eppure non nomino le opere alle quali potrei dedicarmi e che Tu mi hai affidate. Come Ti renderò conto dei talenti che mi hai dati? Signore, come potrei sopportare il Tuo viso, se Tu dovessi rimproverarmi come un « servo iniquo e infingardo » per aver nascosto il talento che Tu mi hai dato? Come uso la mia vita, le mie energie, le mie responsabilità, le grazia che Tu mi dai? Dove sono le anime che dovrei salvare? Dove sono coloro che dovrei consolare, che dovrei aiutare a portare la croce per amor Tuo? Quali sono i Tuoi interessi che io promuovo ed in che mi sacrifico per la Tua gloria? Se non posso metter le mie mani nelle Tue, guardarti con fiducia e dirti: « Signore, Tu sai che lavoro per la Tua gloria », la mia preghiera quotidiana « Adveniat Regnum Tuum! » sulla mia bocca sarà una derisione ed una menzogna.

XXVI. — LA CONOSCENZA DI GESU' CRISTO

> *Ma voi così non avete conosciuto il Cristo.*
> (Efesini, IV, 20)

E' importante per noi avere un giusto concetto della vera vita della nostra anima quaggiù e del nostro destino nella vita futura. Dobbiamo specialmente conoscere bene Colui che è la Via, la Verità e la Vita.

Sin dalla prima infanzia l'idea di Cristo si è andata formando e sviluppando e prendendo forma definitiva nella nostra mente. Ma forse quest'idea è ora formale ed e imprescindibile per noi che quel Gesù, che abbiamo così concepito, sia il vero Cristo, il Figliuolo di Dio vivo. I nostri rapporti con le persone. l'uso che noi facciamo delle cose, dipendono dal concetto che noi ci siamo fatti delle persone e delle cose. L'idea che ci siamo fatta di Gesù Cristo, non muta le nostre relazioni fondamentali con Lui, ma si fa norma e modello della nostra vita spirituale, del nostro carattere, dei nostri pensieri, parole ed azioni, per esser poi motivo della nostra eternità di gaudio o di pena nell'altra vita.

Dunque è necessario sapere l'idea che noi abbiamo di Gesù Cristo. E se ci accorgiamo che l'influenza dell'educazione, gli errori della nostra cultura, delle nostre relazioni, forse anche l'inclinazione del carattere, guastano nella nostra mente la vera idea del Cristo, quale ci appare nel Vangelo, dobbiamo ad ogni costo evitare il pericolo; e se l'immagine è stereotipata, dobbiamo rompere la forma e cominciare da capo il lavoro.

La meditazione sui Vangeli, l'abitudine di rivolgere a Gesù l'occhio dell'anima, lo studio assiduo di Lui, per imitarlo in tutte le circostanze, non solo nella sua vita esteriore, nelle parole e nelle opere, ma soprattutto nel Cuore, dal quale provengono tutte le sue azioni: ecco i mezzi con cui i Santi scolpivano l'immagine di Gesù nella loro anima, un'immagine vivente che li trasformava in Lui e diventava in loro forza capace di attrarre tutte le cose a Colui che tutte le ha create.

Voi così non avete conosciuto il Cristo. Se Cristo Nostro Signore non mi ha ancora attratto a Sè, è perchè io non mi sono ancora fatto di Lui il giusto concetto, sia per una semplice negligenza che non mi ha fatto formare nella mente la giusta immagine di Lui, sia forse per l'influenza del giansenismo che mi ha dipinto un Signore austero, esigente, duro, una vera contraffazione del Cristo del Vangelo, di Cristo Nostro Signore; sia forse pel mio carattere timido, sospettoso, egoista, incapace di simpatie che mi ha ispirato l'idea che mi sono fatta di Gesù. Ma qualunque sia la causa dell'idea sbagliata, è necessario che la corregga, altrimenti i risultati saranno fatali allo sviluppo delle mie relazioni con Lui, saranno fatali per l'influenza che Egli deve esercitare nella mia vita, nelle mie azioni, nell'opera che io potrò svolgere per Lui nelle altre anime.

Non un Cristo qualunque, quale può creare la mia errata immaginazione, ma quel Cristo che il Padre ha mandato, io devo adorare. Egli solo ha il potere ed il diritto di occupare ed assorbire tutto il mio interesse, tutti i miei affetti, tutto me stesso. Egli solo può far sì che dalla mia vita si irradi un'influenza benefica sulla vita degli altri.

Deh, Signore Gesù, concedimi la grazia che io possa avere una conoscenza tale di Te che sia di Tua gloria, che dia vita all'anima mia ed alle altre anime. « La vita eterna è questa, che conoscano Te, solo vero Dio, e Colui che hai mandato, Gesù Cristo » (1). Sii Tu il mio Maestro in questa cosa che è la sola necessaria. E fa che io vada alla fonte per attingere, imparando a conoscerti nelle diverse ore della Tua vita. Fa che mi fermi al pozzo di Samaria; alla piscina di Betsaida, alla bara di Naim, e mi ponga ai Tuoi piedi per ascoltarti. Fa che il fascino della Tua divina persona mi soggioghi e mi vinca, che il tono della Tua voce mi divenga familiare. Fa che imparando come Tu agisci coi peccatori, coi sofferenti, coi piccoli, la Tua immagine si scolpisca nel mio cuore in modo tale che, per quanto esso sia pervertito, mai venga offuscata e quando io Ti penso o parlo di Te, sempre mi si presenti l'immagine Tua come quella del più bello, del più dolce, del più misericordioso tra gli uomini.

Veronica asciugò il Tuo Sacro Volto sofferente e ne ebbe in compenso stampato sul suo velo e più ancora nel suo cuore quella **vera icon**, quella Tua vera Immagine che da allora restò inseparabile dal ricordo di

(1) S. Giovanni, XVII, 3.

lei ed è il motivo stesso per cui Ella è stata conosciuta in tutti i secoli.

O mio Diletto Gesù, imprimi nel mio cuore la vera somiglianza con Te e poichè tale somiglianza deve sempre aumentare, fa che io venga spesso all'Altare per imparare a conoscerti sempre meglio. Il Tabernacolo continua la storia del Vangelo. Il tempo non ha diminuito la Tua bellezza, o Diletto tra gli uomini, nè affievolite le tenerezze del Tuo Cuore. Quale Tu fosti per i Tuoi quaggiù, qual Tu sei per essi in Cielo, tale sei qui nel Tabernacolo, tale sei **per me**. Concedimi dunque che io venga qui per studiarti, qui dove sei paziente, compassionevole, obbediente, mite ed umile di cuore.

Gesù Cristo ieri, oggi, e nei secoli.

XXVII. — PATER NOSTER

Applaudite voi, genti tutte; onorate Iddio con voci di giubilo e di allegrezza. (Salmo XXXXVI, 1)

Signore, che sarebbe stato di noi se Ti fossi manifestato come il Dio del rigore e della giustizia, e non il Dio dell'amore infinito, qual sei? Se avessi avuto più riguardo alla Tua maestà che alla nostra debolezza? Sappiamo tanto poco comportarci alla Tua presenza che forse sarebbe parso più conveniente che Tu fossi rimasto nel nascondimento della Tua divinità e Ti rivelassi a noi solo dietro le grandezze e le nubi del Tabor e la nostra adorazione si limitasse ad un omaggio fatto da lontano. La nostra adorazione sarebbe stata ben diversa da quella che oggi è, l'omaggio dovuto alla Tua misericordia che ha regolato tutto l'ordine non solo del piano della Redenzione, ma anche della vita interiore di ciascuno di noi.

Come sarebbe stata più fredda la nostra pietà! Dove sarebbe andata la lode e la fiducia, chi ci avrebbe dato il coraggio di ritornare a Te, dopo una caduta? Benedetto sia il Nome Tuo, che Ti sei mostrato Padre Nostro e che Ti sei avvicinato alle Tue creature specialmente attraverso la misericordia.

« Sii sempre benedetto, mio Dio, mia misericordia » (1), per esserti rivelato alla nostra debole vista in quella luce benefica che genera l'amore. Sii benedetto perchè Ti sei rivelato a noi come il Dio che si placa, che suscita la fiducia, che distende le braccia ai timidi figliuoli, come quel Dio che perdona tutto, tenerissimo, compassionevolissimo, **Pater noster qui es in coelis.**

XXVIII. — LA VITA FUTURA

Tu ora non sai, saprai dopo
(S. Giovanni XIII, 7)

Mi spingo con lo sguardo nel futuro e vedo finalmente il mio riposo nel seno di Dio. Tutto è finito! La vita, l'incertezza, la morte, il giudizio ed il Purgatorio, e col capo sul Cuore di Colui che mi ha amato sino alla fine, volgo lo sguardo al passato. Da questa altezza, in questa luce serena, in questa pace tranquilla, come tutto è chiaro! Tutte le nubi sono disperse, ogni dubbio è sparito, tutte le quistioni sono cessate, è appagato ogni desiderio.

Saprai dopo. Ora comprendo perchè non vi fu risposta a quella insistente preghiera, perchè il male prosperò ed il bene fu vinto, perchè alcune difficoltà non furono mai superate nonostante tutti gli sforzi. Vedo ora i risultati eterni dei pensieri, delle parole, delle opere, che passarono tanto velocemente. Vedo

(1) Cfr. *Salmo* LVIII.

distintamente le azioni di ciascuno in rapporto con la loro eternità; vedo le relazioni tra la grazia e la gloria; vedo perchè godo tanto e non di più la beata visione di Dio. Quando camminavo alla luce della fede, aderivo a Dio nelle tenebre, mi univo a Lui nella sofferenza; qual frutto di gioia per l'eternità! E quando mi facevo guidare dalla viltà e dall'egoismo, quando mi avvilivo nella sfiducia in Dio, qual perdita immensa che non potrà mai essere riparata. Povero me, che non ho mai compreso di esser nato per vivere di fede, durante la breve vita terrena, per goder poi i frutti della fede nella vera vita, la vita eterna!

Tu adesso non sai; ma saprai dopo. Eppure alcune cose io posso sapere adesso, se domando a Dio luce e forza; posso sapere ora le cose che sono per la mia pace; posso avere ora quella conoscenza intima delle cose spirituali, il **lumen cordium** che lo Spirito Santo dà a coloro che glielo chiedono.

Signore Gesù, qui veramente presente, fammi vedere ora alla luce della fede, quello che vedrò nella luce dell'eternità, quando mi volgerò indietro a considerare la mia vita passata, e la grazia e i Sacramenti e i miei pensieri e le mie azioni, e gli onori della terra, dal mio posto nel Cielo. Per le lacrime che versasti su Gerusalemme, che non volle conoscere il giorno della Tua visita, concedimi che io, che tutti, possiamo sapere in questi giorni le cose che giovano per la nostra pace.

Ora è l'alba, l'ora in cui la terra attende; dall'orizzonte ancora grigio, viene luce sufficiente a guidare i nostri passi, a delineare il contorno debole e incerto di bellezze nascoste e che pur saranno rivelate in tutta la loro grandezza ed armonia, nella delicatezza delle tinte, quando il sole sorgerà ad illuminare l'orizzonte nebuloso e lo illuminerà in tutta la sua bellezza. **Ora conosciamo in parte,** verrà il giorno pieno e **vedremo.**

O anima inquieta che ti turbi di fronte al mistero, che ti adiri contro la notte la quale, per decreto divino, compie col giorno il perfezionamento delle anime, non agitarti contro l'oscurità che ti umilia. Tu non sai ora, mentre vivi la prova della fede, il perchè di quella lotta, del male che vince il bene, di quegli sforzi coraggiosi coronati dall'insuccesso, del bene in contrasto con se stesso. Ora aderisci ciecamente al tuo Dio, anche tra le lacrime e confida paziente in Lui; **dopo vedrai.**

XXIX - LA MIA VIGNA

> *Vediamo se la vigna è fiorita.*
> (Cant. VII, 12)

Gli splendori dell'oriente che rivelano in tutta la chiarezza del giorno quel che era sepolto nelle tenebre, rappresentano quella inondazione di luce che di tratto in tratto sfolgora sull'anima, senza che se ne accorga, spesso senza che ne sappia l'origine, una luce momentanea ma durevole nei suoi effetti. La nost 1 mente ed il nostro cuore si riempiono di essa, le nostre azioni ne sono illuminate e la verità conosciuta di /ione una forza valida per la nostra vita quaggiù e poi per la nostra eternità.

In uno di questi sprazzi di luce, abbiamo mai pensato alla nostra responsabilità verso gli altri? Abbiamo pensato all'influenza che, nei disegni imperscrutabili di Dio, possiamo avere sulla vita degli altri, potere terribile che, coscientemente o incoscientemente, per il bene o per il male, esercitiamo su coloro che ci sono intorno? Abbiamo pensato al conto che dovremo rendere di tale responsabilità?

Signore, Tu hai comandato che « **ciascuno di noi abbia cura del suo prossimo** (1). Quale influenza ho avuto finora sugli altri? All'ora terza, alla sesta, alla

(1) *Ecclesiastico* XVII, 12.

nona, forse all'undecima ora è stato detto anche a me: « **Va nella mia vigna** » (1).

Quale è stato il risultato del Tuo invito e della mia missione? Ti sei degnato affidarmi una parte della Tua vigna perchè io ne abbia cura. Sto io lavorando con sincerità, con abnegazione, con purezza d'intenzione, sì da vincere ogni difficoltà e da non ritrarmi di fronte alle delusioni nè turbarmi degli insuccessi, per volgere lo sguardo a Te solo e lavorare solo per la Tua gloria? O forse resto sonnacchioso al mio posto? Quali sentimenti provo quando mi dici: « **Vediamo se è fiorita la vigna, se i fiori portano frutti?** » (2).

Forse di me deve dirsi: « **Passò pel campo dell'infingardo e per la vigna dell'uomo stolto e vide che tutto era pieno di ortiche e coperto di spine e le mura di cinta erano rovinate** » (3).

Devo confessare la mia vergogna: « **La mia vigna non ho custodita** » (4).

O Signore, padrone della vigna, Tu che mi hai mostrato amore e fiducia nel chiamarmi a lavorare nella vigna Tua, che Ti è più cara della vita, come ho corrisposto io alla Tua fiducia? Non punire la mia indolenza affidando ad altri che lavora meglio di me quello che avevi a me affidato. Resta con me ed aiutami a lavorare secondo la Tua volontà, perchè nulla abbia a perire o ad essere danneggiato per colpa mia. Aiutami a vigilare con diligenza, sulla piccola aiuola che mi hai affidata; ad estirpare le male erbe, a vangare, a zappare, a fortificare quello che è debole, « **per sollecitudine non pigro, fervente in ispirito, servendo al Signore** » (5). E allora fiorirà la vigna e produrrà a suo tempo i frutti per la Tua gloria.

(1) S. MATTEO, XX, 4.
(2) *Cantica*, VII, 12.
(3) *Proverbi*, XXIV, 30-31.
(4) *Cantica*, I.
(5) *Ai Romani*, XII, 11.

XXX' - SINCERITA'

Vai dicendo: « Sono ricco e dovizios;
e non mi manca niente; e non sai che
sei meschino e miserabile e povero, cieco
ed ignudo».   (Apocalisse III, 17)

Mio amato Signore, mi pare che su questo argomento non puoi giustamente riproverarmi. So che non
ho umiltà, che mi ribello al disprezzo, al rimprovero,
al sospetto e alla sfiducia; riconosco i miei torti con
grande ripugnanza. Ma con Te è ben diversa la mia
testimonianza interiore; con Te cessa l'orgoglio e la
ripugnanza.

Quando sono alla Tua presenza e nessuno mi ascolta e il mondo è separato da me, io sono sincero senza
finzione o artifizio di sorta.

Non studio le mie parole, non diminuisco il mio
« peccavi » per cercar scuse alle mie colpe (1).

Non ti nascondo le mie mancanze nè le mie miserie; con il privilegio che la creatura ha davanti al
Creatore, mi prostro qual sono davanti a Te perchè
il Tuo occhio mi veda, il Tuo orecchio mi ascolti, il Tuo
cuore abbia misericordia di me e mi benedica.

Come potrei non essere sincero con Te? Io so e
sento che « i Tuoi occhi sono sopra di me » (2), « guardando i buoni ed i cattivi » (3) perchè sei quel « Dio
che tutto vede » (4) e « Colui che scruta gli spiri-
ti » (5). Davanti a Te che tutto vedi, l'illusione, l'amor
proprio, la falsità in ogni forma devono scomparire.
Certo non posso conoscere il mio nulla e le mie ini-

(1) *Salmo* CXXXX, 4.
(2) *Giobbe* VII, 8.
(3) *Proverbi* V, 3.
(4) *Ecclesiastico* VII, 12.
(5) *Proverbi*, XVI, 2.

quità così come Tu le conosci, non so scrutare uno solo dei mille motivi che ho per abbassarmi davanti a Te.

Ma credo che sia vera la conoscenza di me stesso, anche se imperfetta e son pronto a vedere con Te **che sono meschino e miserabile e povero e cieco e ignudo.** So, sento con profonda convinzione, che porto nell'anima i germi di ogni cattiva passione, capace di soffocare i germi del bene e farmi cadere in rovina, se la tua potenza non mi aiuta; e se la Tua mano onnipotente non frena l'impeto della tentazione, prevarrà sopra di me il nemico; so che alla Tua bontà devo di non essere stato tentato come gli altri, poiche da me stesso sono miseria, infermità e peccato.

Non so come sia che la conoscenza di me stesso non porti frutti migliori; che nell'occasione non sia pronto a confessare di essere quel che sono; che non sia più indulgente e compassionevole nel giudicare gli altri. Ma ringrazio Te, per quel che mi hai dato e vivamente Ti chiedo più forza e più luce perchè le mie parole e le mie opere siano quali devono essere, più conformi alla Tua volontà.

> Veni, Pater pauperum
> Veni, Dator munerum
> Veni, Lumen cordium

XXXI. - NEL SILENZIO E NELLA SPERANZA

> *Nel silenzio e nella speranza sta la vostra forza.* (Isaia XXX, 15)

Ella andava a Lui coi suoi ricordi vergognosi, coi suoi timori segreti e gli portava le sue miserie nascoste e le sue lacrime amare e, sola a quella triste mensa, gli preparava la dolcissima festa, offrendogli il cuore mentre effondeva gli aromi ed il bacio che non cessava mai. E si meravigliò quando Egli rimproverò i crudeli pensieri degli uomini e cocenti cadevano le lacrime mentre Egli la lodava, lodava lei, Maria Maddalena.

Il suo cuore non aveva trascurato un solo segno dell'amore e della contrizione, quell'amore che aveva dato tutto e Gli aveva offerto un cuore pieno di penitenza e aveva sfidato il disprezzo di una folla intransigente per dargli tutto. Assorta nell'intensità dell'amore, si inginocchiava ai suoi piedi, li lavava e li baciava, fatta scandalo agli occhi di ognuno, tranne che agli occhi di Colui che conosce a fondo il cuore umano.

Sapeva che Egli conosceva il suo passato non perdonato, ma nemmeno una parola di supplica usciva dalle sue labbra. L'amore le dettava una preghiera più sublime e, scegliendo la parte migliore, si prostrava davanti a Lui con fiducia calma, a Lui che non sa respingere un cuore contrito ed umiliato. E dalla pienezza del Suo cuore venne a lei il perdono completo: « Le sono perdonati molti peccati; alzati e va in casa ».

O Signore Gesù, Tu che hai gloriosamente onorato l'amore di quella povera peccatrice, in modo tale che il suo nome per tutto il mondo è lodato insieme al Tuo, Tu, che oggi come allora, attendi misericordiosamente il penitente, dammi la fiducia coraggiosa, la fiducia intrepida, come quella che ebbe Maria Maddalena.

XXXII. - LE OPERE DI DIO

Dio conosce le Sue opere fin dall'Eternità.
(Atti XV, 18)

Se noi conoscessimo le Tue opere, Signore, come Tu le conosci, come sarebbero ordinati i nostri pensieri ed i nostri affetti, come sarebbe ordinata la nostra vita! Come sarebbe ordinata la vita individuale e la vita collettiva, poichè le disposizioni della tua Provvidenza interessano tutte le creature; come sarebbero tranquilli e subordinati a Te i nostri desideri: anzi non avremmo altro desiderio oltre quello di veder progredire le Tue opere e compiere la Tua volontà.

Perchè non abbiamo noi tale disposizione di fede? Perchè non sappiamo vedere in tutto ciò che accade la disposizione o la permissione di Dio che conosce le Sue opere?

Un bambino nella folla vede solo quelli che gli sono immediatamente accanto; urtato e soffocato vede e sente solo le persone che tocca; ma se il padre lo solleva tra le braccia e lo mette in alto, qual differente visione egli avrà della folla che lo circonda!

Io sono nella folla, nelle tenebre ed ho visioni e interessi limitati, conoscendo solo, e anche indistintamente, il perchè dei rapporti più immediati, spesso ignorando il significato di quello che si svolge intorno a me. Ma se Dio si degna elevarmi fino al Suo punto di vista, qual mutamento avviene in me, come differentemente considero le cose! In tutto quello che accade posso vedere la volontà di Dio, o la permissione della Sua Provvidenza « che arriva da una estremità all'altra, disponendo tutte le cose con fortezza e con soavità » (1). E questo non urterebbe la mia suscettibilità nè metterebbe ostacolo ai miei desideri, anzi, avendo davanti un più vasto orizzonte, gli interessi si moltiplicherebbero da ogni parte e vedrei tutto nel suo vero aspetto; in tutto riconoscerei la divina volontà che si manifesta attraverso gli eventi e tutto dirige, senza impedire la libertà degli uomini, tutto conduce ai Suoi fini determinati.

Se l'onore, la salvezza della mia Patria fossero in pericolo, il mio patriottismo si risveglierebbe fortemente e sarei pronto anche a cimentare la mia vita; ma se le nostre armi fossero sconfitte e sentissi troppo vee-

(1) *Sapienza*, VIII, 1.

mente l'ansietà dell'esito finale, troverei pace nel pensiero che io ignoro i disegni di Dio. La sua volontà sarebbe accettata lealmente, semplicemente, solo perchè è la sua volontà allorchè la riconosco negli eventi. « **Grazie a Dio che ci ha dato la vittoria** » (1). Ringraziamo anche contro il sentimento e la ripugnanza umana: « **Il Signore ha dato, il Signore ha tolto; sia benedetto il Suo Santo Nome** » (2).

Se avessimo sempre la visione soprannaturale delle cose, nelle pene di famiglia, nei segreti dolori del cuore, nelle vicissitudini della vita spirituale, avremmo sempre l'abitudine di volgerci a Dio per cercare di comprendere quello che Egli vuole e, se non arrivassimo a vedere, impareremmo a chinare il capo e a baciare la Sua mano dicendo: « **Così è, Padre, perchè così a Te piacque** » (3).

No, Tu non chiedi troppo alla Tua misera creatura quando le domandi di sottometterti a Te, anzi è una concessione meravigliosa da parte Tua invitarci ad unire la nostra volontà con la Tua, unendoci in tal modo a Te nelle opere che Ti sono note fino dall'eternita.

Mio Dio, voglio quello che Tu vuoi, e lo voglio con la maggiore letizia che mi sia possibile avere. Dare senza fatica o senza dolore non è in mio potere e Tu non mi chiedi questo, anzi accetti la fatica ed il dolore come prova di grande amore. Accetti con gioia l'offerta che Ti viene dalla fede, anche se avvolta nelle tenebre, l'offerta di chi non vede la Tua mano apertà nè il Tuo sorriso, che sarebbe la sua immediata ricompensa. Io non comprendo ancora la gioia che Tu gusti nel provare la nostra fedeltà, Tu che Ti degni ordinare la nostra libertà all'attuazione dei Tuoi eterni disegni.

(1) *I Corinti*, VI, 57.
(2) *Giobbe*, I, 21.
(3) Matteo, XI, 25.

Signore, fa che io non venga meno; prendi tutto quello che ho; io Ti offro tutto. La mia sola ricompensa sarà quella ch'io mi possa un giorno inginocchiare ai Tuoi piedi e che Tu mi mostri, ora nella luce, ora nell'ombra, che le Tue opere erano affidate a me e che, gioia ineffabile!, io non Ti ho deluso.

XXXIII. - UN FORTE GRIDO

> *Lo sgridavano perchè tacesse. Ma Egli*
> *più forte gridava: «Figlio di Davide,*
> *abbi pietà di me»* (S. Luca XVIII, 38)

Vi sono dei momenti nei quali ci prostriamo davanti al Tabernacolo col desiderio veemente di parlare a Gesù. Le parole esprimono certo i nostri pensieri ed i nostri bisogni, ma non sempre riescono ad esprimerli adeguatamente ed ecco perchè talvolta sentiamo la necessità di esprimerci con un grido che viene dal cuore. Ed abbiamo il conforto di sapere che il grido del nostro cuore giunge alla presenza di Dio che ci ha creati e viene da Lui accolto. Non è necessario cercare la sala d'udienza perchè « **Egli non è lontano da noi** » (1), il suo orecchio è vicino alle nostre labbra. Eppure è ancor troppo lontano. Come una spugna nell'Oceano, così siamo circondati, penetrati, saziati di Lui, « **in Lui abbiamo la vita, il movimento e l'essere** » (2). Il nostro Dio è Colui al quale leviamo la voce. Anzi non occorre neanche gridare perchè « **Tutte le cose sono nude e svelate agli occhi di Colui al quale parliamo** » (3). Il nostro Dio è vicino a noi, dentro di noi, più presente a noi che non siamo noi a noi stessi. Egli conosce i bisogni per i quali ci prostriamo davanti a Lui, vede la nostra afflizione anche prima che ci

(1) *Atti* XVII, 27.
(2) *Ivi* XVII, 28.
(3) *Ebrei* IV, 13.

opprima, conosce ogni nostro dovere e l'agonia che abbiamo quando siamo soli e la paura onde siamo turbati. Ei sa tutto eppure non si dispiace quando invochiamo il Suo soccorso. Giobbe era senza peccato davanti a Dio allorchè la sua sventura gli metteva sulle labbra audaci parole. Giacobbe fu benedetto perchè si mostrò forte al cospetto di Dio. Il nostro Dio, Padre nostro, ha piacere di esser vinto dai Suoi figli e si lascia strappare i beni dall'intensità della preghiera. Anche quando pare che non ascolti o che ci respinga, anche quando la nostra preghiera è prematura, Egli si compiace di vederci insistere ed ama la fiducia di chi a sua volta respinge la ripulsa con una invocazione appassionata alla Sua misericordia.

Alla Cananea dice: « **Non è giusto togliere il pane ai figli per gettarlo ai cani** » (1).

E la Cananea risponde: « **Signore, anche i cani mangiano le briciole che cadono dalla tavola** » (2).

Se io avessi questa fortezza e questa fiducia che vince ogni ostacolo! Qui, sull'Altare, ho il modello della mia preghiera, Gesù « **il quale nei giorni della sua carne offrì preci e suppliche** » (3) dicendo « **Abba, Padre, tutto è possibile a Te, allontana da me questo calice; ma non quello che voglio io, bensì quello che Tu vuoi** » (4).

« **Ed essendo in agonia pregava intensamente** » (5) « **Andò di nuovo a pregare per la terza volta dicendo le stesse parole** » (6).

No, la nostra preghiera non può annoiarti nè essere troppo insistente, anche se non facessimo altro che inginocchiarci accanto a Te ripetendo: « **Abba,**

(1) S. Marco, VII, 27.
(2) S. Marco, VII, 28.
(3) Ebrei V, 7.
(4) S. Marco, XIV, 36.
(5) S. Luca, XXII, 43.
(6) S. Matteo, XXVI, 44.

Pater, omnia tibi possibilia sunt »; tutto Ti è possibile, allontana da me questo calice. Tu sai le cose che io non so, ed io sono imprudente ed egoista e non conosco quello che giova alla mia pace, perciò Ti chiedo, o Padre, non quello che voglio io, ma quello che vuoi Tu. Sia fatta la Tua volontà, quella volontà che tra breve, diradate le nubi, vedrò rivelata in Cielo, quando nella gioia confesserò che tutto è stato fatto per il mio meglio, molto più che se io stesso avessi potuto disporre degli eventi e della mia vita. **« Padre, se Tu vuoi, allontana da me questo calice »** (1). **« Ma se questo Calice non può passare senza che io lo beva, sia fatta la Tua volontà »** (2).

XXXIV. - SIATE PREPARATI

(Visita per il Primo Venerdì del mese)

« Siate preparati ». Signore, la tua Parola è il mio desiderio, ed eccomi a Te per prepararmi. Sul letto di morte sarò debole, sofferente, turbato al ricordo della vita passata e non avrò le forze sufficienti per prepararmi a ricevere gli ultimi Sacramenti. E tuttavia essi mi sono necessari, ho bisogno della grazia che da essi mi viene, e devo portare almeno le disposizioni necessarie. Signore, mi affido a Te; fin d'ora, affido a Te tutte le ore della mia vita con un abbandono sempre crescente di me stesso, perchè ignoro l'ora e le circostanze del mio ultimo istante. Fa che io sappia in quell'ora come sia dolce aver sperato in Te, mio Signore: fa che io Ti trovi all'ora della morte quale sei sempre stato, dolce e misericordioso, come Ti ho sempre trovato nella mia vita.

E quando sarà passata l'ultima ora, quando la Chiesa mi avrà accompagnato sino al confine di quel

(1) S. Luca, XXII, 42.
(2) S. Matteo, XXVI, 42.

mondo ove cessa la sua giurisdizione, quando l'anima mia sarà passata oltre e si troverà là ove Essa non può più darmi che le sue preghiere e i suoi suffragi, allora, mio Divin Salvatore, fa per me quello che hai fatto per me durante la vita, attraverso la Tua Chiesa. Ascolta Tu l'ultima confessione che io farò sul Tuo Cuore, l'ultima confessione dei miei molti peccati, di quei peccati che avrò pianti amaramente in vita, e che più frequentemente avrò portato ai piedi del Tuo Sacerdote per averne il perdono.

Quando avrò detto le ultime parole sulla terra, quando saranno chiusi i miei occhi, nè potrò più rimirare il Crocifisso e le mie mani non potranno stringere la corona del Rosario; quando le orecchie saranno chiuse ai rumori della terra e tutto svanisce intorno a me, allora, Signore, fa che io Ti senta vicino, ispirami Tu stesso l'ultimo grido, l'ultima invocazione alla Tua misericordia. Fa dileguare le nubi che si accumuleranno sulla mia anima e che vorranno nasconderle la Tua misericordia. La Tua mano mi prenda, il Tuo braccio mi circondi, mentre tutto si allontana da me.

Signore, Tu hai conosciuto l'agonia della morte; sii con me nella mia agonia. Tu conosci gli ignoti terrori, i pericoli ai quali andrò incontro, la debolezza, la stanchezza, i turbamenti dell'anima e del senso, le tentazioni riservate per l'ultima ora, la solitudine, le insidie inattese, la mancanza di ogni aiuto umano.

O Sacro Cuore di Gesù, sii il mio rifugio in quell'ora terribile. Mi volgo oggi a Te perchè Tu adempia quanto hai promesso ai devoti del Tuo Sacro Cuore: « **Io sarò il loro rifugio sicuro nella vita e più specialmente nell'ora della morte** ».

Recordare, Jesu pie,
Quod sum causa Tuae viae,
Ne me perdas illa die.
Quaerens me sedisti lassus
Redemisti crucem passus;
Tantus labor non sit cassus.

XXXV. — COLUI CHE TU AMI E' INFERMO

Domine ecce quem amas infirmatur
(S. Giovanni, XI, 3)

Signore Gesù, quante Betanie vi sono state nel mondo e vi sono ancora dal giorno in cui Tui con Marta e Maria Ti sei recato al sepolcro di Lazzaro. Tu le conosci tutte, in tutto il loro dolore, nel Tuo Cuore misericordioso. Ogni cosa Ti è nota: il timore, l'ansietà, l'incessante lunga preghiera, l'impaziente attesa della Tua venuta, l'instabile speranza che si appoggia alle Tue promesse, alla Tua misericordia, al Tuo Cuore, poichè ogni cosa manca. Tu sai tutto; hai visto ed ascoltato per lunghi anni. E tuttavia aspetti, come aspettavi di là dal Giordano, mentre Marta e Maria piangevano accanto al letto di Lazzaro, già vicino alla morte.

« Gesù amava Maria e Marta sua sorella, e Lazzaro. E quando sentì che questi era ammalato, si fermò ancora due giorni nel medesimo luogo » (1).

Perchè, Signore, Tu, così misericordioso di cuore, così potente, in un pericolo imminente, in un tempo così breve, mentre temono e sono addolorate le creature che Tu ami, perchè indugi, Signore?

Veramente i Tuoi pensieri non sono come i nostri nè le Tue vie sono le nostre vie. Il nostro amore vigila sui nostri cari per proteggerli dai dolori. S. Pietro, nell'impeto del suo affetto, Ti diceva, quando Tu parlavi della Tua passione: « Non sia mai, Signore, non Ti avvenga tal cosa » (2). Il Tuo amore invece santifica e non risparmia il dolore, gli assegna una missione per il nostro bene. « Il Signore corregge coloro che ama ed usa la sferza per i figliuoli che riconosce suoi » (3) « Gesù amava Maria, Marta e Lazzaro, e quando sep-

(1) S. Giovanni, XI, 5-6.
(2) S. Matteo, XVI, 22.
(3) *Agli Ebrei* XII, 6.

pe che questi era malato, si fermò ancora nel medesimo luogo ».

Nostro Signore Gesù, dice l'Apostolo agli Ebrei, Autore della nostra salvezza, consumò la Sua opera con la Sua passione. E in quella passione non lo strazio del corpo, ma l'angustia dell'anima, gli strappò il grido più penoso; le sofferenze del cuore furono le più terribili della Sua passione. Ebbene, proprio per la crocifissione del cuore, Gesu Cristo si perfeziona in noi. Egli si nasconde o ci abbandona ad una sofferenza più dura di un dolore fisico; noi gridiamo, lo cerchiamo ed Egli non viene. Diciamo: « Dio mio, Dio mio, **perchè mi hai abbandonato?** » Egli sente e non viene: Si commuove, eppure non viene. Gesù fa violenza al Suo Cuore e permette che la croce ci purifichi solo perchè ci ama. Appunto così ci mostra il Suo amore e vuole che noi lo comprendiamo.

Nella croce, come nel mistero dell'Altare, il Suo amore è nascosto sotto forme diverse, ma sono forme che invece di nasconderlo lo rivelano all'occhio della nostra fede.

Dobbiamo essere pazienti ed attendere l'ora della Sua venuta, lasciando alla Sua sapienza ed al Suo amore la scelta dei mezzi e dei modi per venire a noi. Tocca a noi soltanto mandargli con fiducia e perseveranza l'invito che vince il Suo Cuore e gli fa dire: « Andiamo a lui ».

Signore, colui che Tu ami è infermo! Questo grido si leva innanzi ai mille Tabernacoli e nessuna preghiera è più potente, nessuna è più forte nella sua perseveranza. Se non mi stanco nell'attesa, Iddio verrà nel tempo designato ed io sentirò: « **Tuo fratello risorgerà... Lazzaro, vieni fuori** ».

Signore Gesù, ascolta questo grido. Per la compassione che esso destava nel Tuo Cuore, ascolta! Per le lacrime che versasti con Marta e Maria piangenti, ascolta! Non solo per Lazzaro, ma per tutti e per ciascuno T'imploriamo: « Signore, Colui che Tu ami è infermo! Se occorre un miracolo lo chiediamo con fiducia. Non lo farai volentieri? Signore, vieni a soccorrerci; oggi, oggi, forse domani sarà troppo tardi! Ecce quem amas infirmatur.

XXXVI. - DOPO UN LUTTO

Venuti i suoi discepoli ne presero il corpo, lo seppellirono e si recarono a darne notizia a Gesù.

(S. Matteo, XIV, 12)

Poveri discepoli! Avevano perduto il maestro e la vita pareva loro vuota, senza significato, senza scopo! Avevano perduto il sostegno sul quale si erano appoggiati e pensavano desolati: « Che sarà di noi? »

Sono da compiangere i poveri discepoli di Giovanni; eppure la loro sorte è felice poichè la stessa mano che li colpisce ha il rimedio per consolarli ed il triste evento li conduce a Gesù e questo vuol dire che venivano compensati di tutto quanto avevano perduto, al cento per cento.

Quando il piccolo gruppo si recò da Gesù per dargli notizia della morte e della sepoltura del maestro, Gesù lo accoglie con parole di tenera compassione e di conforto che suscitano in ciascuno la confidenza e lo sfogo del proprio dolore. Essi provano sollievo nel parlargli ed una pace immensa scende nel loro cuore quando Gesù parla e li stringe intorno a Sè. Essi sono irresistibilmente attratti dal Suo Cuore, dalla grazia che penetra nelle loro anime. Così un lutto doloroso diviene la causa della grazia più grande della loro vita, la causa della loro gioia eterna, perchè li conduce ai piedi di Gesù.

O Divino Maestro, anche io vengo ai Tuoi piedi per dirti tutto. Hanno seppellito la persona cara che Tu hai richiamata, ho perduto ciò che non potrà mai più essermi restituito in questo mondo; una parte di me stesso è seppellita in quel sepolcro dal quale vengo. Anch'io riprendo la vita che mi pare abbia perduto il suo significato ed il suo scopo, una vita senza gioia senza interesse, senza alcuna cosa che prende la mia anima e che si stende davanti a me come una landa desolata che devo attraversare da solo. A chi rivolgermi per avere coraggio e forza se non a Te, a cui ricorsero i discepoli di Giovanni nella loro desolazione? Anche a me apri le Tue braccia ed il Tuo Cuore! ascoltami teneramente mentre Ti dico tutto il mio dolore; parla alla mia anima, infondile pace e forza. Compensami di tutto quello che ho perduto; e se vuoi sapere il compenso che io desidero, Ti dico: « **Te solo, Signore** ».

Fa che questa amara perdita sia un guadagno per Te e per me; per Te, poichè abbandono più completamente nelle Tue mani tutto quello che ho e tutto quello che sono; per me, perchè con maggiore pienezza vivo il dono di Te nell'anima mia, con una pienezza che possa bastare ad ogni mio desiderio per l'amore di Te, da cui nè la vita nè la morte, nè le cose presenti ne le cose future hanno il potere di separarmi.

XXXVII. - LE VIE DI DIO

Come ci amasti?
(Malachia, 1, 2)

Mio Dio, io posso dirti qualche cosa, tutte le cose, perchè Tu prendi interesse a tutto ciò che ho bisogno di dirti, specialmente se devo confidarti quelle pene e quei dubbi che non facilmente possono dirsi agli altri; so che, anche quando li confido agli altri, non ne ricevo aiuto o conforto. « **Perchè chi tra gli uomini conosce le cose dell'uomo fuorchè lo spirito dell'uomo che abita in lui?** » (1).

(1) *Corinti* II, 11.

Ma « lo spirito di Dio penetra tutte le cose » (1).
Tu mi conosci nell'intimo dell'anima e non vi è cosa
che io ti confessi e che Tu non vegga e non comprenda perfettamente, anche se io oso lamentarmi con Te
di doni e grazie concessi ad altri ed a me negati. Spesso metto in dubbio, se non la Tua sapienza, almeno il
Tuo amore, quando mi vedo inferiore agli altri pei talenti, per le qualità morali e sociali che a noi appaiono
i doni migliori, non perchè ci facilitano il compimento
del dovere o ci fanno acquistare merito, ma perchè ci
rendono lieta e piacevole la vita. Spesso non vedo che
« la sorte è caduta per me sopra le cose migliori » e domando con arroganza: « Come mi ami? ».

L'origine di tale inquietudine è l'egoismo.

Se confidassi la mia pena al più indulgente degli
amici non potrebbe darmi altro che questa triste con-
ferma. Ma quanto è diverso il conforto che trovo in
Te, mio Creatore e Padre mio! A chi ricorrerò nei miei
dolori, se non a Colui le cui « mani mi fecero e mi for-
marono » (2), al Padre mio che « mi riscattò e mi
fece e mi creò » (3), a Colui che mi dice: « Io sarò
buono con te più di una madre » (4)? Non vi è confessione che non possa farti con la certezza che Tu mi
ascolti. Quando la Madre Tua, col rimprovero umile
più di ancella che di Madre, Ti diceva, allorchè Ti sot-
traesti a Lei che Ti ritrovò nel Tempio: « Perchè ci hai
fatto questo? »; quando la nazione più ingrata e più
avversa Ti domandava: « Come ci hai amati? », Tu ri-
spondevi con dolcezza a queste interrogazioni. Anche
io oso domandare: « Padre mio, perchè mi hai fatto
questo? » E quando mi rifiuti quello che mi pare sia
un bene e che mi possa rendere felice Ti domando:
« Come mi hai amato? »

(1) *Corinti* II, 1.
(2) *Salmo*, CXVIII, 73.
(3) *Deuteronomio*, XXXII, 6.
(4) *Ecclesiastico*, IV, 11.

Tu potresti rispondermi: «Dirà forse la creatura al Creatore: Perchè mi hai fatto così?» (1). Ma Tu, invece di rimproverarmi, calmi la mia inquietudine e mi inviti a venire accanto a Te, per contemplare il piano che Tu hai formato nei secoli eterni. Le parti di una pianta non possono essere bene esaminate da sole; conviene esaminare il tutto poichè nel guardare una sola parte non si comprende il significato e la grandezza dell'oggetto, non solo nella sua interezza, ma anche nei suoi particolari.

Io sono troppo vicino alla terra, troppo coinvolto nei suoi interessi e non sono in grado di veder bene le cose. Devo salire, innalzarmi, mettere i piedi non su questa terra che passa, ma sul lido eterno, e di là contemplare la creazione.

«Egli ci generò... affinchè siamo come primizie delle Sue creature» (2).

Quali meraviglie avrò quando i miei occhi si apriranno all'eternità! Qual vista, quasi infinita, mi si rivelerà davanti allo sguardo allorchè comprenderò i divini disegni! Tutte le generazioni umane, tutta la vita umana che racchiude la mia sorte e perciò assorbe il mio interesse — se pure esso non si restringe nel mio miserabile io — tutta quell'immensa moltitudine di anime e di esseri è soltanto una primizia delle Sue creature. E nell'eternità io vedrò la parte assegnata a quella primizia nel disegno universale. Vedrò la parte assegnata a ciascuno e facilmente, senza ragionare, comprenderò che la dignità di ogni essere umano consiste nella missione che gli è assegnata negli eterni disegni di Dio; comprenderò che è impossibile la grandezza di un individuo considerato da solo e indipendentemente dagli altri e che la nostra felicità, come pure la nostra grandezza, sta nell'occupare quel posto che la divina sapienza ed il divino amore ci hanno

(1) *Ai Romani* IX, 20.
(2) *Apocalisse* IV, 1

dato nel vasto mosaico della creazione. Comprenderò che lo scopo della creatura, la sua bellezza, il suo benessere non possono trovarsi che nella sua conformità all'ideale vivente nella mente del Creatore.

Quelli che quaggiù hanno attuato tale ideale e sono pervenuti al posto assegnato loro da Dio, sono felici. Quelli che, assorbiti dall'egoismo, non si sono preparati al compito loro assegnato, sono necessariamente messi da parte come oggetti non riusciti allo scopo, quali che siano stati i doni che li hanno distinti in questo intervallo fra due eternità, questo periodo che noi chiamiamo il tempo.

Veramente niente potrà meravigliarmi più che vedere le sorti del mondo dall'al di là. Allora comprenderò come spesso le vie della gloria mondana conducano alla confusione e all'oblio eterno; vedrò come quelli che furono meno apprezzati, che ebbero pochi doni, sono giunti al più alto onore e sono stati collocati « **tra i principi del popolo** » (1).

Il mendicante della pubblica via che il passante schiva, la pastorella del villaggio sconosciuto, il semplice ed illetterato Curato d'Ars, saranno grandemente onorati come « gli amici di Dio » mentre il Re dei re e Signore dei signori, starà sul più alto trono, Egli che un giorno fu vestito come un fabbro.

Veramente le vie di Dio non sono le vie nostre! Quando vedrò come Egli vede non avrò più desiderio alcuno e alcuna cosa, per quanto buona in sè stessa, mi piacerà, se non la vedo necessaria per me nei disegni divini. Svanirà la nostra vista imperfetta di un tempo in modo che ci parrà strano il giudizio che un tempo avemmo delle cose; svanirà l'egoismo quando l'ammirazione ci farà volgere stupiti sull'armonia della creazione. E quale sarà la mia gioia se mi accorgerò di avere un posto, il mio posto particolare nel disegno glorioso! Qual rammarico se dovrò accorgermi invece di non aver

(1) *S. Giacomo* I, 18.

perfezionato le mie opere nella misura che mi era stata richiesta!

Vedrò tra breve tutte queste cose; le vedrò dal punto di vista di Dio, il solo punto di vista possibile nel regno della verità; e riconoscendo nei Suoi doni il mezzo meraviglioso che Egli ci ha dato per raggiungere il fine, comprenderò finalmente come mi abbia amato. Benedirò la Sua volontà che ha ordinato tutto con soave disposizione, vedrò il Suo amore nel rifiutare come nel dare, nel volere le mie deficienze come nell'arricchirmi di talenti, le une e gli altri datimi per raggiungere il mio posto nel Suo regno. E mi sarà indifferente la maggiore o minor gloria di quel posto perchè la mia sola felicità, il solo desiderio possibile al mio intelletto e alla mia volontà, sta nel raggiungere il grado che Egli mi ha assegnato, contentar Lui e dare a Lui per tutta l'eternità, la lode, l'adorazione, ed il servizio che Egli mi chiede. « **Nel Tuo lume, vedremo la luce** » (1).

O Padre, potessi cominciare fin d'ora questa vita di adesione! Ora, mentre devo cercare e raggiungere il mio posto nel Cielo, potessi avere la luce e la forza di accettare, non soltanto con rassegnazione — sarebbe troppo meschina gratitudine — ma con la più profonda e più tenera riconoscenza, i mezzi adatti a me e per me designati dalla Tua Sapienza!

XXXVIII. — CREPUSCOLO E MERIGGIO

Gli occhi miei sono sempre rivolti al Signore. (Salmo XXIV, 15)

Quanto è mirabile la veemenza delle esclamazioni di David, se consideriamo la oscurità nella quale Iddio si rivelava in quei giorni di crepuscolo, prima che spun-

(1) *Salmo* XXXV, 10.

tasse la luce, cioè prima della venuta di Cristo! Ma Egli non era completamente il Dio nascosto; pure, se lo consideriamo nelle relazioni con il suo popolo, restiamo sorpresi nel vedere l'alternativa di luce e di tenebre, di lontananza e di vicinanza, dei più terribili castighi e delle prove più tenere dell'amore.

Dio si manifesta all'uomo nel Tabernacolo, nel deserto, nelle rivelazioni dei profeti, nei continui soccorsi misericordiosi con cui va incontro al suo popolo ostinato. Nell'Antico Testamento troviamo espressioni tanto amorevoli di cui forse non si trovan le eguali nel Nuovo Testamento. Tuttavia, quando la preghiera di Dio si manifesta di più, quando più commuovono i Suoi rimproveri e più tenere sono le Sue parole, vediamo subito l'immensa differenza che passa dalle manifestazioni di Dio nell'antico tempo, e la intimità e familiarità con cui ci tratta dal giorno della Sua Incarnazione. Noi che viviamo nella piena luce di quel giorno che i Re ed i profeti desiderarono vedere, possiamo constatare come poco fosse conosciuto Dio, anche dalle persone più colte, prima che il Verbo si facesse carne ed abitasse con noi. Eppure i nostri Padri furono così potentemente attratti verso Dio, che le loro parole sono le espressioni più adatte pei bisogni della nostra anima. sia per esprimere il desiderio, sia per esprimere la lode o l'amore o il ringraziamento. E sono tali espressioni che ci danno argomento di serio esame di coscienza.

« I miei occhi sono sempre rivolti al Signore » disse Davide. Dio si rivelò con una intimità speciale a lui che era l'uomo secondo il Suo Cuore sì che gli parlò delle sofferenze e delle glorie di Colui che poi doveva compiacersi del nome di Figlio di David. Eppure che cosa conosceva mai Davide del Signore in confronto alla conoscenza che oggi anche il meno istruito dei figli della Chiesa ha del Cristo? David conosceva la storia delle misericordie concesse al « seme di Abramo suo servo, ai figliuoli di Giacobbe, suoi eletti ». Conosceva l'ombra di Dio nell'Arca dell'alleanza ed aveva la oscura previsione di Uno che doveva venire dalla radice di Jesse «specioso in bellezza più di tutti i figli degli uomini» eppure «verme e non uomo, obbrobrio degli uomini e rifiuto della plebe»; di un «Santo che non vedrebbe la corruzione» ma che sederebbe «alla destra di Dio fino a che i suoi nemici non fossero posti sgabello ai suoi piedi». Ecco tutta la sua conoscenza; eppure questo bastava perchè Davide tenesse fisso a Dio il suo sguardo: «**I miei occhi sono sempre rivolti al Signore**».

Mi fermo un istante e penso agli insegnamenti avuti sin dalla mia infanzia; penso a quanto mi è stato raccontato della vita di Gesù, dal presepio alla croce si che, attraverso il Vangelo, ho potuto vivere in Sua compagnia, ascoltare i Suoi insegnamenti, vivere sotto il Suo sguardo, conoscere le Sue azioni, studiare le Sue vie, e il Suo vivere tra gli uomini, i Suoi gusti e le Sue avversioni, il carattere che Egli ebbe come uomo e che lo rese tanto amabile ai suoi. Posso guardarlo nelle sue opere, vedere l'effetto che in Lui producevano i sentimenti di coloro che lo amavano ovvero l'ingratitudine, il disprezzo, l'odio e persino la crudeltà a cui fu fatto segno. Posso vederlo assetato e stanco dal cammino ed inebriare lo sguardo dell'anima nella vista di quella perfezione che Egli mostrò in tutti gli eventi della vita. Egli, che, vero Figliuolo di Dio, si era fatto Figlio dell'Uomo, come uno di noi.

Posso contemplarlo nella Sua Chiesa, ove sempre vive, fonte di ogni atto soprannaturale in tutta la Sua estensione. Posso vedere la linfa che si spande in tutta la vigna, sino alle più lontane estremità; quella linfa che è il principio della vita e dello sviluppo, della bellezza e della profondità, in ogni anima santificata dalla sua grazia.

So che Egli ha messo a mia disposizione tutti i Suoi meriti e che Egli desidera render meritorie e dare una ricompensa alle più meschine azioni della mia vita, unendole alle sue. Sento l'invito che Egli mi rivolge sin dal mattino perchè mi unisca con Lui, al Suo sacrificio quotidiano, offerto per me, invito che, se non mi vien fatto ogni giorno, certo è frequente al mio cuore. Sento la voce di Lui che mi chiama: « **Vieni in disparte e riposati un poco** » quando nelle ore pomeridiane cessa il lavoor del giorno ed Egli mi chiama alla benedizione serale. Nelle lunghe ore del giorno e della notte il Suo sguardo mi segue sempre. Eppure, quante volte i miei occhi sono rivolti al Signore?

Cuore ardente di Davide, che ti sei elevato al Signore e lo hai chiamato a Te vicino, e, anche se non hai risposto adeguatamente ai suoi favori, tuttavia hai cercato di corrispondere con tutte le tue forze; sii per noi stimolo ed esempio. Noi che siamo nella luce del meriggio, ci volgiamo indietro per attingere il vivo ardore dei tuoi desideri: « **Dio mio, a Te aspiro al primo apparire della luce. Di Te ha sete l'anima mia; in quanti modi ha sete di Te la mia carne!** » (1) Tu aspiravi a giorni più felici e la Tua aspirazione ci fa meglio glio apprezzare i nostri alti privilegi: « **Hanno veduto i tuoi passi, o Signore; i passi del mio Dio, del mio Re che sta nel Santuario** » (2). Noi apprezzeremo il Tuo Santuario tra noi, quel Santuario al quale sopra tutti è dovuto il nostro omaggio ed il nostro amore. Al mattino, al meriggio, alla sera, lo cercheremo per benedirti ed essere benedetti: « **Benedite nelle adunanze il Signor Iddio** » (3). « **Cercate il Signore e siate forti; cercate sempre la Sua presenza** » (4).

(1) *Salmo, LXII,* 1-2.
(2) *Salmo* LXVII, 25.
(3) *Ivi XXVII.*
(4) *Ivi IV.*

XXXIX. — RESPONSABILITA'

*Ecco, son qui, io ed i figliuoli che Dio
mi ha dati.* (Ebrei II, 13)

E' facile e pronta la simpatia tra persone che
hanno vissuto la stessa esperienza. « **Chi non è stato
tentato, che cosa sa mai?** » (1) Chi può « **rallegrarsi
con chi si rallegra, piangere con chi piange** » (2) come
uno il cui cuore ha esultato con la stessa gioia e trovato conforto nelle stesse lacrime?

Niente ci fa più cari al Signore quanto la parteci-
pazione ai sentimenti che Egli provò durante la Sua
vita umana. L'Incarnazione fu il dono supremo della
Sua simpatia per noi. I suoi viaggi in cerca delle anime, le guarigioni delle anime e dei corpi, le Sue parole
di avvertimento e di conforto, tutto manifestava la
Sua simpatia per noi che si è poi perpetuata nell'Eucaristia.

Il Figliuolo dell'uomo ha fatto Sua ogni nostra pena e, operando i più grandi prodigi, ha voluto affer-
marci che ha un cuore come il nostro. Egli piange con
i suoi amici accanto ad una tomba, trema allo spettacolo delle sofferenze e delle ignominie, e, fatto simile
a noi, vuol essere « **tentato in tutto** » (3). Non basta:
Egli prende la veste del peccato sì che l'Apostolo giunge
a dire, che Egli « **che non ha saputo mai il peccato, si
è fatto peccato per noi** » (4). Perciò sente del peccato
il peso e la vergogna e ne porta la pena, come se fosse
veramente reo, per dimostrarci sempre meglio la Sua
bontà partecipando alle nostre pene per amore.

Invita a Sè tutti gli oppressi ma nessuno forse accoglie con tanta tenerezza come quelli che gemono sotto
il peso di qualche responsabilità, sia che derivi dalle

(1) *Ecclesiastico* XXXIV, 9.
(2) *Ai Romani* XII. 15.
(3) *Ebrei* IV, 15.
(4) II, *Corinti*, V, 4.

relazioni del loro stato di superiori, sia che derivi dai doveri di parentela o di amicizia. Egli partecipa a tale responsabilità di cui sa per esperienza il peso e la sollecitudine. Perciò disse: **« Voi mi chiamate Maestro e Signore e dite bene perchè tale io sono »** (1). **« Non è forse tuo Padre che ti riscattò e ti fece e ti creò? »** (2). **« Come una madre accarezza il suo bambino, così io vi consolerò »** (3). Egli è il nostro Fratello maggiore, **« il primogenito tra molti fratelli »** (4), **« il Medico del quale abbiamo tutti bisogno »** (5), **« il Pastore e il Vescovo delle anime nostre »** (6).

Egli dunque conosce per esperienza le prove particolari delle diverse responsabilità onde siamo gravati e perciò possiamo aprire a Lui il cuore con quella libertà e quella perfetta fiducia che viene dal sapere che Egli fu oppresso, afflitto e in tutto simile a Noi.

Signore, Tu conosci le mie preoccupazioni, non solo le conosci, ma sai che mi sono imposte dalla Tua mano; sai che pesano sulle mie spalle non solo per la loro importanza, ma anche per la mia incapacità e per la mancanza di aiuto. Talvolta non so ove sia il meglio e tal altra, anche vedendolo, non posso prendere quella via che mi pare la migliore perchè ho paura di ingannarmi o di essere inopportuno.

Fin dove devo andare? Fin dove devo cedere? Quando devo ordinare e quando supplicare? Quando devo dire una parola di fortezza e quando una di consiglio? Quando devo tacere e affidarmi solo alla preghiera? Ecco il mare dei dubbi nei quali mi sperdo e in cui ho bisogno della guida dello Spirito Santo. Talvolta occorre parlare e talvolta tacere; ma questo è il

(1) S. Giovanni, XII, 13.
(2) *Deuteronimio* XXXII, 6.
(3) *Isaia* LVI, 13.
(4) *Romani* VIII, 29.
(5) S. Luca, V, 31.
(6) I, *Pietro*, II, 25.

Tuo segreto, Signore! Dammi il Tuo consiglio, mettimi sulle labbra le parole che devo dire, dammi quelle vittorie che Tu concedi a coloro che gettano le reti al Tuo comando, sotto l'occhio Tuo, con la Tua benedizione!

Un altro problema ti affido: assisti con la Tua sapienza i genitori nell'educazione dei figliuoli; fa che sappiano loro insegnare a stare nel mondo senza esser del mondo; li preparino alla lotta della vita; li istruiscano nella mente e nel cuore per agguerrirli nei bisogni di questi tempi difficili. Fa che i figliuoli conoscano tanto le loro responsabilità, abbiano tanto rispetto di sè, sappiano tanto dominarsi da resistere ai pericoli intellettuali e morali nelle insorgenti quistioni del secolo. Io tremo alla vista di questi pericoli che insidiano la giovinezza, quando la vita corre rapida e le parole e le braccia della madre non possono giungere più lontano e non le resta altro che la preghiera fiduciosa in Dio. Con quanta premura, Signore, Tu ci comandi di confidare!

« **Non temete; non è vostra la battaglia ma di Dio** » (1). « **Getta nel seno del Signore, le tue preoccupazioni ed Egli ti aiuterà** » (2). « **Sta in pace, non temere, e non venga meno il tuo cuore** » (3). « **Tremerò, ma spererò in Te** » (4). « **Il mio Dio è il mio soccorso ed in Lui spererò** » (5). « **Invocai il mio Signore ed il mio Dio, nella tribolazione a Lui alzai le mie grida** » (6). « **Fin quando, Signore, Ti dimenticherai forse di me per sempre? Fin quando volgi la tua faccia da me- Volgiti a me ed esaudiscimi, Signore Dio mio** » (7).

« **Ecco, son qui, io ed i figliuoli che Dio mi ha dati** ».

(1) II *Paralipomeni*, XX, 15.
(2) *Salmo* LIV, 22.
(3) *Isaia*, VII, 4.
(4) *Salmo* LV, 3.
(5) *Salmo* XVII, 2.
(6) *Salmo* V, 6.
(7) *Salmo* XII, 1-3.

Fa che ogni madre possa dire così un giorno, quando sarà alla Tua presenza; fa che possa dire nella pienezza della gioia: « Di quelli che mi desti, nessuno andò perduto » (1).

« Non temete, osservate i prodigi che il Signore farà » (2) « Io andrò in cerca di quello che era perduto e ripiglierò quello che era stato messo fuori; fascerò ogni ferita e conforterò chiunque è debole » (3). « Io darò ad essi la vita eterna; ed in eterno non periranno e nessuno li strapperà dalla mia mano » (4).

XL. — LA VITA

> *Finchè l'erede è fanciullo è alla dipendenza di tutori ed economi, fino al tempo stabilito dal Padre.* (Galati IV, 1-2)

La vita è una scuola, nè più, nè meno. Nulla di più; dunque non dobbiamo aspettarci che ci soddisfi in tutto, non dobbiamo aspettarci qui la libertà, la felicità, il calore, la gioia infinita della propria dimora.

Ma la dimora eterna merita ben tutta la nostra attesa! « Non si è manifestato ancora quello che saremo » (5). « Nè occhio vide, nè orecchio udì, nè entrò mai nel cuore dell'uomo quello che Dio ha preparato per coloro che lo amano » (6). Possiamo però intuire qualche cosa della grandezza e della beatitudine della vita futura allorchè ci fermiamo a contemplare l'anima nostra, l'immensità della sua comprensione e l'insaziabile sete di conoscenza, la profondità e la tenerezza dei nostri affetti. La capacità suppone il comple-

(1) S. GIOVANNI, XVII, 62.
(2) *Esodo* XIV, 13.
(3) *Ezechia* XXXIV, 16.
(4) S. GIOVANNI, X, 28.
(5) S. GIOVANNI, III, 2.
(6) I, *Corinti*, II, 9.

mento, le aspirazioni suppongono la possibilità di soddisfazione.

E perciò tutto quello che le anime più nobili hanno desiderato per la loro perfetta felicità, lo conseguiranno con tale pienezza, superiore al concetto che se ne erano formate: « **una misura buona, pigiata, scossa e traboccante** » (1). Noi comprenderemo con la più estesa cognizione i segreti della natura e della grazia, conosceremo e troveremo veramente la nostra casa; saranno soddisfatti gli affetti di famiglia e dell'amicizia, senza parlare della gioia vera ed essenziale della quale oggi non abbiamo che un'oscura conoscenza: ecco quello che ci attende nella vita futura. Non qui, nè ora. Qui possiamo avere soltanto una debole intuizione di quello che ci è riservato; qui siamo alla scuola.

Come mai una verità tanto chiara ha così poca influenza sul nostro spirito? La vita non sarebbe per noi una illusione se ci ricordassimo del suo compito e della sua cognizione, se fossimo più prudenti, simili allo scolaro che vive col cuore proteso verso l'avvenire e nella dura disciplina del presente aspetta ansioso le consolazioni della casa paterna.

La vita è una scuola; nè più, nè meno. Perciò non dobbiamo sciupare il tempo che ci è stato dato perchè ci prepariamo alla fine. Qui stiamo per la nostra educazione, non per il nostro piacere; e dobbiamo lavorare ed imparare quello che esige la nostra educazione; dobbiamo imparare a vivere nelle gioie o nei dolori. Non dobbiamo pensare che i piaceri siano lo scopo della vita; essi sono talvolta consentiti nella vita della scuola per alleviarne un po' la fatica. Le pene non devono abbatterci, ma ci devono staccare dagli interessi troppo vivi e suscitare in noi la nostalgia dei santi. Dobbiamo seriamente lavorare per la formazione della mente e del cuore, compiendo serenamente il nostro compito così. E mente e cuore devono favorire la

(1) S. Luca, VI, 38.

nostra somiglianza con Colui che è il modello degli eletti, devono essere in armonia con quanto tra breve sarà la nostra vera vita. « Abbiate in voi gli stessi sentimenti che ebbe Gesù Cristo » (1). **« Noi siamo cittadini del cielo »** (2).

Ora abbiamo con noi, non solo come Maestro, ma come Padre o fratello maggiore, Colui che è passato per tutte le prove della vita umana; Colui che **« avendo comune coi figliuoli la carne ed il sangue, partecipò similmente alle stesse cose »** (3), **« fatto simile a noi in tutto, tranne che nel peccato »** (4); Colui le cui parole di conforto, quando presentiamo ai Suoi piedi le nostre fatiche, ce ne fanno comprendere la necessità e la ricompensa: **« Fate l'opera vostra per tempo, ed Egli vi darà la mercede nel tempo opportuno »** (5)

Dio mio, Ti ringrazio per l'anima immortale che mi hai data. Ti ringrazio per la sua capacità immensa che riconosco dalla sua brama insaziabile. La mia miseria chiama la Tua misericordia, **« un abisso chiama un altro abisso »** (6). Custodisci nell'anima mia l'ardore del desiderio, quella fame e quella sete che tu stesso dichiarasti beata, finchè venga il tempo in cui sia pienamente soddisfatta. Fa che io **« passi per le cose temporali così da non perdere le eterne »** (7). Fa che il lavoro, le pene, le piccole gioie ed i dolori, gli splendori transitori di questa vita, mi guidino alla conoscenza dell'avvenire, della vera vita che mi aspetta.

Fa che la mia felicità, come il mio dovere, sia nel prepararmi oggi a quello che devo fare ed essere nella vita futura.

E quando saranno trascorsi i giorni della mia istruzione, ed avrò ben imparato le lezioni, o caro Padre, conducimi a casa.

(1) *Ai Filippesi*, II, 5.
(2) *Ai Filippesi*, III, 20.
(3) *Ebrei*, II, 14.
(4) *Ivi* XV.
(5) *Ecclesiaste* II, 38.
(6) *Salmo* XII, 7.
(7) Orazione della terza domenica dopo Pentecoste.

www.ingramcontent.com/pod-product-compliance
Lightning Source LLC
Chambersburg PA
CBHW031522040426
42445CB00009B/350